지도 보며 떠나는
서울 역사길 여행

일러두기

이 책에 삽입된 지도는 본문의 이해를 돕기 위해 만든 참고용 이미지입니다. 기본적인 지리 정보를 담고 있으나 지형, 도로, 답사 장소에 대한 판단은 실제 지도를 기준으로 해 주시기 바랍니다.

사진 제공

강서구청 광주바위, 양천향교, 허준 동상, 공암, 허준박물관 | **겸재정선미술관** 겸재정선미술관 전시실 | **구로구청** 글마루한옥어린이도서관 | **국립중앙박물관** 암사동 움집 주거지, 빗살무늬토기, 조선 시대 계란, 주먹 도끼, 금관총 금관, 호우명 그릇, 명가7년명 금동여래입상, 그리스 청동 투구 | **국사편찬위원회** 유관순 수형기록표 | **김동환** 윤동주 하숙집 터 명판, 이상의집 | **김세중미술관** 김세중미술관 | **김수영문학관** 김수영문학관, 김수영문학관 전시실 | **리움** 리움미술관 | **문화재청** 움집, 진관사 수륙재, 진관사 태극기, 홍난파가옥, 창의문, 윤보선가, 백인제가옥, 언더우드관, 서대문형무소역사관, 삼의사묘역 | **백범김구기념관** 백범김구기념관 | **북앤포토** 사직단, 남산 봉수대, 선정전, 인정전, 인정전 내부 전등, 희정당, 절두산성지 성당, 광혜원, 국립중앙박물관, 낙성대 | **사계절출판사** 흥화문, 경희궁 서암, 세종·충무공이야기전시관, 주시경마당, 주시경 선생 흉상, 윤동주 시인의 언덕, 방학동 은행나무, 원당샘, 서울 연산군묘, 정의공주묘역, 양화진 외국인선교사묘원, 봉원사 현판, 명부전, 미륵전, 이동인 선사 본수인상, 3·1독립선언기념탑 | **서울역사박물관** 풍납토성, 한양도성 낙산 구간 성벽, 장수마을, 각자성석 | **안중근의사기념관** 안중근의사기념관 | **연합뉴스** 몽촌토성 | **우리옛돌박물관** 우리옛돌박물관, 벅수, 우리옛돌박물관 야외 전시장 | **위키피디아** 경교장, 서울중앙고등학교, 전쟁기념관 | **윤동주기념사업회** 윤동주 기념실 | **윤동주문학관** 윤동주문학관, 윤동주문학관 전시실 | **은평역사한옥박물관** 은평역사한옥박물관 | **이기범** 고척동 고인돌, 정선옹주묘역, 암문, 숭례문, 대한상공회의소 성벽 흔적, 탕평비와 하마비, 성북동쉼터, 한양도성 혜화동 안내센터, 혜화문, 창의문, 선학원, 안동교회, 정독도서관, 재동 백송, 한중 평화의 소녀상, 길상사 | **정주하** 종묘 정전 | **종로구립 박노수미술관** 박노수미술관 | **지중근** 독립문 | **한성백제박물관** 풍납토성 성벽, 한성백제박물관 | **호림박물관** 호림박물관 신림본관, 백지묵서묘법연화경 | **환기미술관** 환기미술관 | **황학정** 황학정에서 활을 쏘는 모습 | **허준박물관** 동의보감

글 이기범, 김동환 그림 최혜인

사계절

답사를 떠나기 전에

서울 역사길 코스는 어떻게 이루어져 있나요?

우리가 떠날 서울 역사길은 모두 20개 코스입니다. 코스는 크게 조선 시대 한양의 도성 안팎 10곳과 도봉, 강서 등 현대에 들어 서울이 된 10곳으로 나뉩니다. 이 코스를 선사 시대부터 근현대까지 역사의 흐름을 따라서 찾아갑니다.

지리적으로는 서울 외곽의 동서남북을 차례대로 다닌 다음, 한양도성을 한 바퀴 돌고, 도성 안과 밖의 답사지를 두루 다니게 됩니다.

답사를 떠나기 전에 준비할 것들은 무엇이 있나요?

이 책에서 해당 답사 장소 부분을 먼저 읽어 보세요.

더 알아보면 좋을 주제를 정하고 답사 현장에서 발표할 수 있게 준비합니다. 예를 들면 성균관에서는 "옛날에 유생들이 배운 과목은 무엇이었을까?", "시험은 어떻게 보았을까?" 등을 준비합니다. 3~5분 발표할 분량이면 됩니다. 수첩과 필기구, 사진 촬영이 가능한 휴대폰, 카메라, 비상약 등을 준비합니다.

지도를 보고 답사하는 방법

지도를 보고 답사지를 찾아가는 법을 익혀 두세요. 두 발로 걸으며 길을 찾아가는 과정이야 말로 진정한 답사거든요.

　책에 있는 그림지도에서 먼저 지하철역을 찾으세요. 버스를 탈 경우 정류장 이름과 번호를 꼭 확인하세요. 본문에서 안내하는 도로명 주소를 이용하면 보다 쉽게 유적과 박물관을 찾을 수 있습니다.
　단, 그림지도는 답사 장소의 대략적인 위치만 알려주고 있으니 표지판과 상세지도를 함께 보면서 활용하세요.
　자, 모든 준비가 끝났나요? 그럼, 출발!

차례

답사를 떠나기 전에 … 4

강동·송파
❶ 대홍수가 알려 준 유적 … 11

구로
❷ 첨단 도시 구로에서 만나는 옛 무덤 이야기 … 23

관악
❸ 관악에 터 잡은 역사와 문화재들 … 33

은평
❹ 한옥마을이 된 천 년의 땅, 천 년의 사찰 … 43

한양도성길
낙산공원~흥인지문

❺ 한양도성길 걷기 첫걸음, 동쪽 낙산 구간 … 51

한양도성길
경희궁~인왕산

❻ 경희궁에서 인왕산까지,
한양도성길 서쪽 구간 … 61

한양도성길
숭례문~남산

❼ 한양도성길 남쪽 구간,
숭례문에서 남산까지 … 75

한양도성길
성균관~혜화문

❽ 한양도성길 북쪽 구간,
성균관에서 혜화문까지 … 85

광화문

❾ 한글을 창제한 세종대왕,
한글을 지킨 주시경 … 95

세종대왕

돈화문로

❿ 창덕궁에서 종묘까지
왕의 길을 걷다 … 103

부암동길
⑪ 문학과 예술의 향기가 가득한 도심 속 골짜기 … 117

북촌
⑫ 조선 양반의 중심지, 북촌한옥마을 … 131

서촌
⑬ 물소리에 모여든 예술가들, 수성동 계곡 … 145

강서
⑭ 변화하는 조선, 새 시대를 이끈 사람들 … 155

성북
⑮ 깊이 생각해 볼 만한 이야기가 가득한 길 … 169

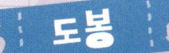 **도봉**

❶❻ 도봉산 자락에서 만나는
문학과 역사 … 181

 **합정·신촌**

❶❼ 한국을 사랑한
파란 눈의 선교사들 … 191

서대문

❶❽ 서대문에서 만나는
독립의 함성 … 203

용산 1

❶❾ 박물관으로
떠나는 용산 기행 1 … 221

용산 2

❷⓿ 박물관으로
떠나는 용산 기행 2 … 233

강동·송파

답사 코스

암사역 ❶ 출구 강동02번

↓

암사동선사유적지 암사역

↓

풍납토성 천호역

↓

몽촌토성

↓

한성백제박물관

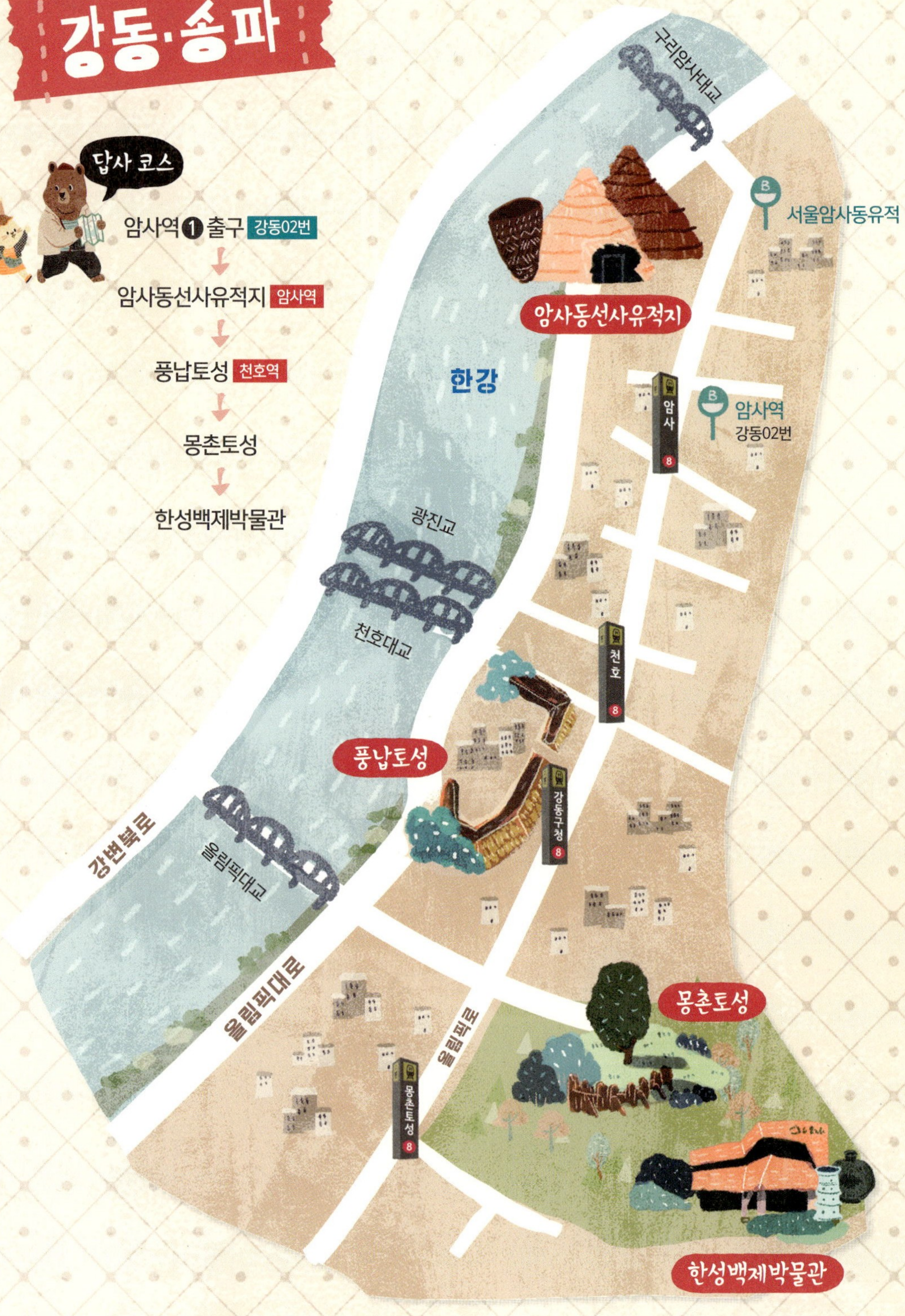

구리암사대교
서울암사동유적
암사동선사유적지
한강
암사
8
암사역
강동02번
광진교
천호대교
천호
8
풍납토성
강동구청
8
강변북로
올림픽대교
올림픽대로
올림픽로
몽촌토성
몽촌토성
8
한성백제박물관

1
대홍수가 알려 준 유적

첫 역사 탐방은 서울에서 가장 오래된 유적인 암사동선사유적지에서 시작해요. 그리고 풍납토성과 몽촌토성에서 백제의 탄생도 만날 거예요. 서울에서 가장 오래된 역사를 알려 주는 이 유적지들은 아주 뜻밖의 사건으로 세상에 모습을 다시 드러냈어요.

그 사건이란 지난 100년간 최악의 홍수로 기록된 을축년 대홍수(1925년)였어요. 한강 상류에서 밀어닥친 거센 물줄기가 암사동 부근 한강 남쪽 강변을 쓸어 버렸어요. 그때 빗살무늬 토기 등 몇천 년 동안 흙 속에 묻혀 있던 신석기 시대의 유물이 드러났지요. 암사동보다 약간 하류에 자리한 풍납리에는 옛 토성이 있었는데, 물줄기는 토성의 서쪽 벽도 무너뜨렸어요. 이때 항아리, 토기 등 백제 시대의 유물이 쏟아져 나왔어요.

암사동선사유적지에서 만난 빗살무늬 토기

암사동선사유적지는 암사역에서 마을버스를 타면 금방 도착하지만, 주변을 구경하며 15분쯤 걸어가도 좋아요. 가는 길에 재미난 이름의 초등학교도 있으니 찾아보길 바랍니다. 궁금하니 알려 달라고요? 알겠어요. '선사초등학교'입니다. 미리 말하자면, 풍납토성에는 '풍납초등학교'와 '토성초등학교'도 있답니다.

이름이 재미난 초등학교가 많죠? 학교 이름 얘기하다 보니 벌써 암사동선사유적지에 도착했네요. 1925년 홍수 피해를 살피다가 암사동 한강 가에서 처음 보는 토기를 발견했어요. 일본 학자들이 발굴했을 때는 트럭 몇 대에 담을 만큼 많은 유물이 나왔다고 해요. 그런데 이곳이 정식으로 발굴되고 세상을 놀라게 한 것은 40여 년 뒤인 1966년이었어요. 다행히 그동안 암사동 주변은 거의 개발되지 않은 채 남아서 유적이 잘 보존될 수 있었어요.

이때부터 10년 동안 발굴하면서 선사인들이 살았던 집터, 빗살무늬 토기를 비롯한 수많은 생활 도구를 발견했어요. 그 뒤 이곳은 우리나라를 대표하는 신석기 유적으로 자리 잡았어요. 교과서에도 실리면서 신석기 시대나 빗살무늬 토기 하면 암사

동을 떠올릴 만큼 유명한 곳이 되었습니다.

자, 그럼 유적지 안으로 들어가 볼까요? 저기 안쪽에 갈대를 엮어 만든 집이 보이죠? 신석기 시대 사람들이 살았던 '움집'이에요. 한번 들어가 보세요. 땅을 파고 만든 곳답게 여름에는 바깥보다 시원하고 겨울에는 따뜻하다는 것을 금방 알 수 있을 거예요. 돌판에다 곡식을 갈고 사냥에 쓸 창을 손질하는 선사인 가족 모형을 보면 그때의 생활을 짐작할 수 있어요.

움집을 나오면 커다란 전시관이 보여요. 안으로 들어가 보아요. 깜짝 놀랐죠? 전시관 가운데에 둥글게 움푹 파인 자리는 진짜 신석기 시대의 집터예요. 모두 여덟 군데의 집터가 있어요. 몇몇 집터는 겹쳐 있어요. 지금처럼 방이 여러 개인 움집이 아니라, 본래 있던

▶발굴 당시의 신석기 시대 집터

▼움집

움집 자리에 시간이 지나고 새로운 움집이 들어섰기 때문이죠. 커다란 방 가장자리에는 기둥을 세웠던 작은 구멍의 흔적이 보여요. 가운데에는 화덕도 있었죠. 눈을 감고 신석기 시대의 가족이 둘러앉아 무슨 얘기를 나누었을지 상상해 보세요.

전시관을 따라 돌아보면 구석기 시대, 신석기 시대 유적의 위치와 생활 모습을 알려 주는 지도가 있어요. 시대마다 차이점이 보이나요? 맞아요. 구석기 유적은 내륙에 많은 반면 신석기 유적은 강이나 바닷가 주변에 많지요.

사냥 도구와 물고기 잡는 도구도 전시하고 있어요. 특히 그물을 물속에 가라앉히기 위해 달아 두던 그물추를 자세히 살펴보세요. 그냥 돌과 어떻게 다른가요? 그물이 빠지지 않도록 돌 양옆에 낸 작은 홈을 놓치지 마세요. 혹시 캠핑하러 갔다가 그물추를 발견할 수도 있으니까요. 고래 뼈 사진도 한번 찾아보세요. 고래는 선사 시대 사람들에게 훌륭한 먹을거리였어요.

"암사동선사유적지가 신석기 시대에 만들어진 거라고요? 그럼 얼마나 오래된 거예요?"

"우리나라의 신석기 시대는 지금부터 약 1만 년 전에 시작되었는데, 이곳 암사동은 약 7천 년 전에 만들어진 마을이야. 그러니 이 빗살무늬 토기들도 대략 7천 년 동안 땅속에 묻혀 있다가 세상에 다시 나온 셈이지. 엄청나지 않니?"

전시실의 반을 돌면 빗살무늬 토기가 나타납니다. 이곳에서 발견된 빗살무늬 토기예요. 크기가 작은 토기부터 어른 두세 명이 들어야 할 것 같은 큼직한 토기도 있어요. 단순한 빗금부터 기교를 부린 복잡한 빗살무늬도 있어요. 깨진 것을 다시 이은 흔적이 있는 토기도 보여요. 빗살무늬 토기는 무언가를 담을 때 쓰거나 냄비나 솥처럼 썼을 거예요. 아이들이 장난 삼아 머리에 쓰고 뛰다가 혼나기도 했겠죠.

빗살무늬토기

더 궁금한 점이 많지만 선사 시대는 문자로 된 기록이 없던 때라 학자들도 답답해하는 점이 많아요. 여러분의 날카로운 추리력과 멋진 상상력으로 지금껏 밝혀지지 않은 암사동 신석기인들의 생활 모습을 더 많이 알아내길 바라요.

자, 이제는 역사 시대로 가 보겠습니다. 풍납토성에서 만나요.

백제의 기틀을 다진 풍납토성과 몽촌토성

백제인들은 지금의 서울 잠실 지역에 나라를 세우고 한강 남쪽에 커다란 성을 두 개 쌓았어요. 하나는 언덕에 지은 몽촌토성이고 하나는 평지에 만든 풍납토성이에요. 몽촌토성은 둘레가 2,700미터

몽촌토성

에 높이가 6~7미터예요. 풍납토성은 이보다 커서 둘레가 3,700미터가 넘고 높이가 8미터에 이르는 거대한 성벽을 자랑해요. 많은 학자들은 이 풍납토성이 백제의 도읍(하남위례성)이었을 거라고 추측하지요. 높은 곳에 올라서 보면 풍납토성은 한강에 정박한 커다란 배 같고, 몽촌토성은 활짝 핀 무궁화 같답니다.

 그럼 백제를 세운 온조가 이곳에 몽촌토성과 풍납토성을 쌓은 건가요?

 아니야. 그때 만든 성은 나무로 울타리(위례)를 친 작은 성이고, 그 뒤에 백제가 나라의 기틀을 다지면서 이처럼 거대한 성을 만들었어.

그런데 공원처럼 보존된 몽촌토성과 달리 풍납토성은 성벽 안쪽으로 아파트와 건물만 가득해요. 두 성은 왜 이렇게 달라졌을까요? 풍납토성 안이 건물로 빼곡 차 버린 데에는 안타까운 이야기가 숨어 있답니다.

풍납토성과 몽촌토성도 암사동선사유적지와 마찬가지로 사람들이 관심을 두지 않던 버려진 땅이었어요. 그러다가 1960년대에 학자들이 두 곳을 조사했는데, 둘 중 어디가 왕이 살던 왕성인지 결론을 내지 못했습니다. 그래서 먼저 성벽만 사적으로 지정했어요.

그런데 1970년대에 강남 지역이 본격적으로 개발되면서 두 성 주변으로 사람들이 몰려들었어요. 성벽을 제외한 안팎의 땅에 건물이 지어지고, 성은 조금씩 망가졌어요. 1981년에 '88 서울올림픽 개최가 결정되고 몽촌토성 일대가 경기장으로 지정되면서 몽촌토성에서는 무분별한 훼손이 중단된 반면, 풍납토성에는 더 빠른 속도로 집과 아파트가 들어찼습니다.

그러다 1997년 1월 풍납토성 안 아파트 공사장에서 엄청난 양의 백제 유물이 발견되었어요. 풍납토성이 다시 사람들의 주목을 받았지요. 백제의 소중한 유물이 발견된 것은 좋은 일이지만 문제도 생겼어요. 아파트 공사가 중단되고 발굴하는 시간이 길어지자 주민들이 갈 곳을 잃은 거예요. 어서 아파트가 완공되어 입주하기를 기다리는 주민들 말이죠. 주민들은 풍납토성이 백제의 왕성일 리가 없다며 중요한 유물은 나오지 않을 거라 주장했습니다. 그런데 웬걸요. 일부 지역에서 시범 발굴을 실시했는데, 이곳에서만 500상자

가 넘는 유물이 쏟아져 나왔지 뭐예요. 이제는 주민들도, 아파트 건설 회사도, 정부도 쉽게 어쩌지 못하는 문제에 부닥쳤어요.

    법에 따라 발굴은 계속 이어져야 했어요. 정부는 풍납토성 안, 발굴해야 하는 곳에 사는 주민을 이주시키기 위해 보상금을 주었어

건물이 가득 들어선 풍납토성(2002년 촬영)

요. 그러나 액수가 턱없이 부족했지요. 화가 난 주민들이 유적을 파괴하는 일까지 벌어졌어요. 결국 정부는 풍납토성을 지키기 위해 풍납토성 안에는 아파트나 빌딩 같은 고층 건물을 짓지 못하게 하고 집을 모두 사들이기로 했어요. 하지만 이곳에서 벌써 수십 년째 살고 있는 사람들을 강제로 쫓아낼 수는 없었고, 주민들도 정든 마을을 쉽게 떠나려 하지 않았어요. 게다가 수천 가구 이상이 살고 있는 이곳의 집을 모두 사들이려면 어마어마한 세금이 들어가니 한 번에 할 수도 없는 노릇이었지요. 지금 집을 사들이는 속도라면 앞으로 100년이 지나야 집을 모두 살 수 있다고 해요.

　개발과 보존 사이에서 어느 한쪽만 편들 수 없는 이 문제를 어떻게 풀어야 할까요? 지금 어른들이 풀지 못한 이 문제를 앞으로 여러분이 멋지게 해결할 수 있기를 기대할게요.

　성벽만 남은 풍납토성과 달리 몽촌토성에는 집터와 도로, 성을 지키는 물길인 해자까지 잘 남아 있어요. 또한 백제의 역사를 한눈에 볼 수 있는 한성백제박물관이 들어서 있습니다.

백제 역사를 만날 수 있는 한성백제박물관

 "선생님, 저거 진짜예요?"

　한성백제박물관에 들어서는 순간 모두 입이 벌어집니다. 눈앞에 펼쳐진, 흙으로 만든 거대한 성벽이 과연 진짜인지 어서 가서 확인

하고 싶어지지요. 놀라지 마세요. 성벽은 진짜랍니다. 풍납토성의 성벽 일부를 잘라서 그대로 가져온 것입니다. 토성이 단순히 흙을 쌓아 올려 지은 게 아니라, 블록을 쌓듯 칸을 나누고 여러 가지 재료를 섞어서 정교하고 단단하게 만들었다는 것을 직접 확인할 수 있게끔 한 거예요. 수천 년 전 백제인들의 놀라운 기술을 보여 주는 유적 전시물이지요.

한성백제박물관은 꽤 인기가 많은 박물관이에요. 백제 시대를 느낄 수 있는 영상과 모형이 아주 많거든요. 2층에는 풍납토성과 몽촌토성에서 발견된 유물을 한자리에 가득 모아 놓았어요. 수백 점이 넘는 토기들을 보며 사람들은 감탄합니다. 둥근 모양의 잿빛 토

한성백제박물관

기, 굽이 높은 독특한 모양의 제사용 토기, 바닥에 구멍이 뚫린 시루, 입이 넓은 항아리……. 그리고 뼈로 만든 독특한 갑옷도 있으니 꼭 살펴보세요.

전시실에는 백제의 건국, 일본·중국 두 나라와의 교류, 백제인들의 삶이 주제별로 나뉘어 전시되어 있어요. 한성 시기의 백제뿐 아니라 공주와 부여로 도읍을 옮긴 후의 이야기도 만나 볼 수 있습니다. 전시도 훌륭하지만 곳곳에 쉼터가 많고, 체험 프로그램과 교육 프로그램이 정말 다채로운 것이 한성백제박물관의 자랑이에요.

서울 역사길 답사 첫 시간이라 욕심을 좀 부려 봤어요. 어느새 하루가 훌쩍 지나 버렸네요. 암사동선사유적지와 풍납토성, 몽촌토성, 그리고 한성백제박물관은 모두 서울의 오랜 역사를 일깨워 주는 장소예요.

다음 탐방부터는 좀 더 색다른 서울의 역사를 만날 거예요. 서울 동쪽 끝에서 시작했으니 다음에는 서쪽 구로에서 만나요.

구로

답사 코스

개봉역 ❷ 출구 `구로01번` ➡ 글마루한옥어린이도서관 ➡ 고척동 고인돌 `6716번` ➡ 정선옹주묘역

2
첨단 도시 구로에서 만나는 옛 무덤 이야기

 "선생님, 오늘은 왜 이렇게 무덤에 많이 가요? 왠지 으스스한 기분이에요."

 "단순히 무덤을 보러 가는 게 아니야. 무덤 속 주인공의 이야기를 찾아보러 가는 거란다."

오늘 찾아갈 구로구는 서로 다른 두 얼굴이 있는 곳이에요. 안양천을 기준으로 동쪽의 구로디지털단지와 신도림은 미래의 서울 같은 반면, 안양천 서쪽은 변하지 않은 서울의 옛 모습을 많이 간직하고 있어요. 30여 년 전만 해도 조상들의 무덤을 지키며 후손들이 오순도순 모여 사는 집성촌이 남아 있었죠. 몇몇 후손들은 지금까

지 그 자리를 지키고 있어서 그분들께 이 고장의 옛이야기를 들을 수도 있어요. 이름도 정겨운 궁동, 항동, 온수동, 오류동에서는 역사 속 인물들의 이야기를 많이 만날 수 있어요.

자, 그럼 출발해 볼까요?

글마루한옥어린이도서관에서 시작하는 구로 역사 여행

무덤 속 주인공을 찾아가는 역사 여행의 시작이 도서관이라니 좀 뜻밖인가요? 그렇지만 글마루한옥어린이도서관을 만나는 순간 왜 이곳에서 여행을 시작하는지 바로 알 수 있을 거예요. 2011년 구로구 개봉동에 개관한 글마루한옥어린이도서관은 전통 기법으로 만든 우리나라 최초의 한옥 도서관이자 어린이 전용 도서관이에요.

밖에서 보는 모습도 아름답지만 한번 들어가면 나오기 싫을 만큼 우리 한옥의 정취와 책이 잘 어우러져 있어요. 여름에는 시원한 대청마루에서 책을 읽고 겨울에는 따뜻한 온돌을 느낄 수 있으니 첫

글마루한옥어린이도서관

답사 장소로 정말 안성맞춤이에요.

도서관에 들어왔으니 책을 한 권 골라서 읽어 보아요. 아무 책이나 보면 되냐고요? 물론 읽고 싶은 책이면 무엇이든 좋지요. 그렇지만 다음 답사지를 생각한다면 고인돌에 관한 책은 어떨까요? 도서관에서 걸어서 5분 거리에 수천 년의 역사를 간직한 고인돌이 있거든요.

수천 년 동안 제자리를 지켜 온 고마운 고인돌

고인돌 가는 길은 아주 찾기 쉬워요. 도서관을 나와서 왼쪽으로 오류중학교 담벼락을 따라가면 만날 수 있어요. 오류중학교는 담벼락을 멋진 그림으로 장식해 둔 덕분에 좁은 골목을 걷는 내내 눈이 아주 즐겁답니다.

고인돌로 이동하면서 퀴즈 하나. 대한민국의 수도 서울에는 고인돌이 몇 기나 남아 있을까요? 책을 꼼꼼히 읽었다면 알겠지만 우리나라에 있는 고인돌의 수는 전 세계에서 가장 많아요. 전국에 무려 3만 기가 넘는 고인돌이 있죠. 북한까지 치면 4만 기쯤 되고요. 그중 강화, 고창, 화순의 고인돌은 유네스코 세계문화유산으로 지정됐어요.

서울은 한강을 끼고 있고 옛날부터 살기 좋았으니 고인돌이 수백 기는 되어야 자연스러워요. 그런데 1970년대부터 도시 곳곳에 아파트와 건물이 빽빽하게 들어서고 사방으로 골목과 도로가 생기면서 고인돌이 다 사라졌어요. 그때는 고인돌이 소중하다는 것을 몰

고척동 고인돌

랐거든요. 2000년 즈음 조사할 때만 해도 약 30~40기가 있었는데, 지금은 손가락으로 꼽을 정도밖에 남지 않았어요. 개남근린공원 산책길 어귀에 있는 고척동 고인돌은 그중에서 맨 처음 유적으로 지정된 고인돌이에요.

 "여기 있구나. 언뜻 보기에는 그냥 바위 같지?"

 "그러네요. 더 크면 좋을 텐데. 강화도에서 본 고인돌은 엄청 크고 멋있었잖아요."

혹시 크기가 작고 볼품이 없어 실망했나요? 강화도 고인돌처럼 두꺼운 굄돌에 거대한 덮개돌이 있을 거라 예상했다면 실망할 수도

있어요. 그러나 우리나라는 고인돌 왕국답게 갖가지 크기와 형태의 고인돌이 있다는 점을 잊어서는 안 돼요. 그리고 마치 꼬마 고인돌 같은 고척동 고인돌은 서울이 엄청나게 변화하는 와중에도 수천 년의 역사를 간직한 채 자기 모습을 지켜 왔다는 사실도요. 서울에서 진짜 고인돌을 만난다는 것은 정말 행운이라 생각해요.

 크건 작건 고인돌을 만들 때는 마을 사람들이 모두 힘을 모아야 했어요. 그리고 고인돌 아래에는 죽은 이가 평소에 쓰던 물건도 같이 묻었어요. 청동거울이나 청동방울, 청동검도 함께 묻었을 거고요. 때로는 덮개돌에 별자리를 새기기도 했어요. 천천히 고인돌을 둘러보며 무덤의 주인공은 어떤 사람이었을까 생각해 봐요.

정선 옹주 시집오던 날

글마루한옥어린이도서관과 고인돌만 봤는데도 한 시간이 훌쩍 지났어요. 마지막으로 갈 곳은 정선 옹주의 묘예요.

 "그런데 옹주가 뭐예요? 공주 아닌가요?"

 "둘 다 왕의 딸을 일컫는 말이지만 엄연히 신분의 차이가 있단다. 공주는 정식 왕비의 딸이고, 옹주는 후궁의 딸이지."

 정선 옹주의 묘는 서서울생활과학고등학교 바로 옆에 있어요. 옹주가 살던 집터는 지금의 학교 자리고요. 살던 집 바로 옆에 묘를

만들었죠. 저기 보이나요? 학교 정문 안쪽에 표지석이 하나 있어요.

"선조 대왕의 일곱째 딸 정선 옹주가 이곳 안동권씨가로 출가하여 옹주궁이 있었던 곳임."

정선 옹주가 시집오던 날 동네는 정말 떠들썩했겠죠? 어찌나 대단했는지 동네 이름까지 바뀌었다고 해요.

"자네 들었는가? 지금 저기 윗마을 권 대감 댁에 옹주님이 시집오신대. 고래 등 같은 집도 새로 지어졌어."

"말도 말게나. 집이 얼마나 큰지 궁궐 같아, 궁궐. 이제 윗마을을

궁골(지금의 궁동)이라고 해야겠어. 우리 고을의 큰 경사니 어서 가 보세."

그때는 임진왜란이 끝난 지 5년쯤 지난 1604년이었어요. 지금부터 400여 년 전 일이랍니다. 그런데 궁궐은 어디 갔을까요? 안타깝게도 6·25전쟁 때 불타 버렸습니다. 그 후 버려진 이곳을 마을 사람들이 밭으로 일구었는데, 그때 그릇과 기와가 많이 나왔다고 해요. 1970년대에 이 밭에 학교가 생기면서 옹주궁의 흔적을 더는 찾을 수 없게 되었답니다. 그나마 바로 옆에 정선 옹주와 안동 권 씨 집안의 묘역이 잘 보존되어 있어 다행이에요.

자, 그럼 발길을 옮겨 옹주 묘로 가 볼게요. 학교 앞으로 생태공원이 보이죠? 공원 길을 따라 조금 걸어가면 운동 기구들이 나오고 친절한 안내판이 서 있어요. 이곳이 묘역으로 올라가는 입구랍니다. 입구 옆에 커다란 비석과 한글 안내문도 있으니 한번 읽어 보길 바라요.

이제 묘역으로 올라가 볼까요? 우아, 깜짝 놀랐죠? 묘가 하나가 아니라 여러 개가 계단처럼 놓여 있네요.

여기서도 퀴즈를 하나 낼게요. 여러분의 눈썰미를 알아보는 퀴즈입니다. 많은 묘 중에서 정선 옹주의 묘는 어느 것일까요?

맞아요. 여느 묘와 달리 위에서 두 번째 묘는 병풍돌이 묘 아래를 두르고 있어요. 그리고 묘 앞을 밝히는 장명등도 멋지게 조각되어 있어요. 너무 일찍 세상을 떠난 옹주를 그리는 왕실과 안동 권 씨 집안의 배려랍니다.

정선옹주묘역

　정선 옹주는 시집왔을 때 겨우 열한 살이었어요. 아버지 선조와 어머니 정빈 민 씨의 품을 떠나 낯선 동네로 시집온 옹주의 마음은 어땠을까요? 이런 마음을 헤아렸는지 마을 사람들은 어린 옹주를 아끼고 좋아했어요. 시집온 동네에서 정답게 어울려 살며 스무 살에 아들을 낳았는데, 이듬해에 그만 병으로 세상을 떠나고 말았어요. 선조와 어머니 정빈 민 씨도 몹시 슬퍼했어요. 마을 사람들도 예의 바르고 항상 주변 사람들에게 덕을 베푼 옹주를 오래도록 그리워했답니다.

　정선 옹주의 묘 옆에서 앞을 내려다보세요. 경치가 볼만해요. 그런데 앞쪽에 학교 건물이 있어서 좀 답답하다고요? 괜찮아요. 정선 옹주는 아마 비슷한 또래의 학생들이 공부하고 노는 모습을 매일같

이 지켜보면서 더는 외롭지 않을 거예요.

  벌써 헤어질 시간이네요. 오늘 답사는 여기서 마치겠지만, 구로는 더 많은 이야기를 품고 있어요. 서울은 넓고 갈 곳은 많으니 아쉬움을 접고서 다음 시간에는 강감찬 장군을 찾아 관악구로 떠나 볼게요.

관악

답사 코스

낙성대역 ❹ 출구 → 강감찬 생가 터 → 낙성대공원 `관악02번` → 서울대학교박물관, 규장각 `5528번 외` → 호림박물관

- 호림박물관
- 강감찬 생가 터
- 낙성대공원 (관악02번)
- 서울대학교 정문 (5528번 외)
- 노천강당
- 서울대학교박물관
- 서울대학교규장각
- 관악산

3

관악에 터 잡은 역사와 문화재들

　오늘 찾아갈 답사지가 자리 잡은 관악구는 서울 남쪽을 대표하는 산인 관악산 아래에 있어요. 사람들은 험한 바위가 우뚝 솟은 관악산을 불귀신이 사는 산, 강한 힘을 지닌 산으로 여긴 탓에 가까이 하기를 꺼려 왔어요. 그러나 오늘날에는 도심 공원 구실을 하며 주말이면 등산객이 끊이지 않는 친근한 산이 되었답니다.

　관악구를 대표하는 역사 인물은 단연 고려 시대 귀주대첩의 명장인 강감찬 장군이에요. 생가 터 근처에 조성된 낙성대공원에서 강감찬 장군과 귀주대첩에 관해 알아보아요.

　또한 관악구에는 꼭 가 봐야 할 박물관 두 군데가 있어요. 하나는 『조선왕조실록』, 『의궤』, 『승정원일기』 등 세계기록유산과 국보를 소장한 서울대학교의 규장각과 박물관이고, 다른 하나는 우리나라 3

대 사립 박물관 가운데 하나인 호림박물관입니다. 이들 박물관 덕분에 관악구는 서울 역사 탐방에서 이름난 곳이 됐어요.

그러면 먼저 강감찬 장군을 만나러 낙성대로 떠나 봅시다.

귀주대첩의 명장, 강감찬 장군

역사를 좋아하는 어린이라면 강감찬을 모를 리 없습니다. 고려의 강감찬은 고구려의 을지문덕, 조선의 이순신과 함께 위기에 빠진 나라를 구한 3대 위인으로 벌써 오래전부터 널리 알려졌지요. 게다가 강감찬 장군은 태어날 때 특이한 일화로 유명했어요. 송나라 사신이 서울에 들어서기 직전, 안내하는 고려 관리가 말했어요.

"나리, 우리 고려까지 먼 길 오느라 고생하셨습니다. 저기 앞을 보십시오. 이제 고개를 내려가면 금주(현재의 관악구)입니다. 개경까지 며칠 남지 않았으니 조금만 더 고생하시면 됩니다."

"이렇게 신경 써 주어 참으로 고맙소. 앗, 그런데 저게 무엇인가? 별이 저기 보이는 집 안으로 떨어지다니, 놀라운 일 아닌가? 도대체 무슨 일인지 어서 가서 알아보시오."

"나리, 별이 떨어진 저 집에서 방금 사내아이가 태어났다고 합니다."

"이럴 수가! 그 아이는 필시 큰 인물이 될 것이오. 이것도 인연이니, 내가 직접 그 아이를 데려다 길러야겠소. 어서 그 집으로 안내해 주시오."

송나라 사신이 데려다 기른 아이는 나중에 큰 장수가 되어 귀주

대첩에서 거란족을 물리치고 나라를 구했습니다. 그 집은 훗날 '별이 떨어진 곳'이라는 뜻으로 '낙성대'라 불렸고요. 그 아이가 누군지 벌써 눈치챘지요? 맞아요. 강감찬 장군입니다.

전설은 여기서 끝이 아니에요. 강감찬이 재상이 된 후 송나라에서 사신이 왔는데, 강감찬을 보자마자 자신도 모르게 다가가서는 "문곡성(북두칠성의 네 번째 별)이 오랫동안 보이지 않더니 여기 고려에 와 계셨군요."라며 절을 했다고 해요. 문곡성은 학문을 담당하는 별자리니, 강감찬의 학문이 더없이 높았다는 뜻이겠죠.

오늘 맨 먼저 가는 곳은 바로 별이 떨어진 곳, 강감찬 장군의 생가 터예요. 지하철 2호선 낙성대역에서 골목을 따라 잠시 걸어 볼까요? 눈을 크게 뜨고 찾아보세요. 거북 등에 올려진 비석을 찾으

낙성대

면 됩니다. 주택가에 둘러싸여서 생각보다 찾기가 어려워요. 찾았나요? 비석을 찾았다면 향나무도 찾아보세요. 700년 넘게 강감찬 장군 생가 터를 지켜 온 향나무가 말라 죽자 1996년부터 새 향나무가 대를 이어 그 자리를 지키고 있답니다. 원래 향나무의 밑동은 낙성대공원 안에 마련된 강감찬장군기념관에 보관하고 있어요.

　조금 더 걸어서 낙성대공원으로 이동해 볼게요. 낙성대공원은 강감찬 장군 생가 터에서 멀지 않은 곳에 아주 크게 조성되어 있어요. 생가 터에서 옮겨 온 3층 석탑을 비롯해 말을 타고 달리는 멋진 동상과 장군의 넋을 기리는 안국사, 강감찬 장군의 이야기가 가득한 전시관이 낙성대공원을 이루고 있습니다. 특히 전시관을 꼼꼼히 살펴본다면 지금까지 몰랐던 강감찬 장군의 특별한 이야기를 만날 수 있을 거예요.

　자, 그러면 마을버스를 타고 다음 장소인 서울대학교로 들어가 볼게요.

조선의 기록을 간직한 서울대학교 규장각과 박물관

관악산 아래 둥지를 튼 서울대학교는 건물만 100개가 넘어 학교 안으로 버스가 다닐 만큼 넓습니다. 학생과 선생님, 일하시는 분들까지 4만 명이 넘는 사람들이 있어요. 학교가 아니라 하나의 도시 같지요.

　이 큰 학교 안에 아주 멋진 역사 보물이 있습니다. 『조선왕조실록』, 『의궤』, 『승정원일기』, 『일성록』 등 세계가 감탄한 조선의 기록

문화를 규장각에 보관하고 있어요. 얼마나 많으냐고요? 놀라지 마세요. 세계기록유산 4종, 국보 10종, 보물 26종 등 무려 34만 점의 기록을 보관하고 있어요.

"선생님, 규장각은 정조 임금님이 창덕궁에다 만든 도서관 아니었나요? 왜 여기에 규장각이 있어요?"

"좋은 질문이야. 일제 강점기에 창덕궁 규장각의 모든 자료를 경성제국대학으로 옮겨 보존했어. 해방 뒤 경성제국대학이 서울대학교로 바뀌면서 자연스럽게 모든 자료를 이어받았지."

그렇다고 규장각에 책만 있는 것은 아니에요. 아름다운 옛 지도도 볼 수 있어요. 지금까지 전해지는 우리나라 최초의 세계 지도인 『혼일강리역대국도지도』 모사본이 여기에 있거든요. 벽면에는 김정호의 『대동여지도』를 실제 크기에 맞춰 그려 놓기도 했답니다. 책과 지도가 한문으로 되어 있어 읽기는 어렵지만, 규장각에서 친절하게 해설해 주니 귀 기울여 들어 보기를 바랍니다.

규장각을 봤으니 박물관에도 가 봐야겠죠? 규장각에서 조금만 걸어 올라가면 나와요. 서울대학교박물관은 연천 전곡리 주먹 도끼 등 선사 시대의 유물과 발해의 유물로 유명해요. 특히 발해의 유물은 서울대학교가 아니면 다른 곳에서는 찾아보기가 아주 힘들답니

다. 경성제국대학 시절에 일본인 교수들이 수집한 유물들이 지금까지 전해졌어요. 첫 번째 전시실에서는 기와, 돌조각 하나도 소중한 마음으로 살펴보길 바라요.

그런데 이곳에서 가장 인기 좋은 유물은 두 번째 전시실에 있어요. 보는 이마다 고개를 들고 감탄하는 거대한 탁본입니다. 무슨 탁본이길래 사람들이 그렇게 감탄할까요? 바로 고구려 광개토대왕릉비 탁본입니다. 광개토대왕의 업적을 적은 이 비석은 높이가 6미터가 넘어 우리나라의 비석 유물들 중에서 가장 거대하답니다. 광개토대왕릉비는 중국에 있어서 쉽게 찾아가 보기 어렵지만, 대신 이 탁본으로 그 위용을 느낄 수 있어요.

자, 박물관을 모두 둘러봤으면 마지막으로 호림 윤장섭 할아버지를 만나러 가 볼게요. 버스 타고 20분은 가야 하니 간식 하나 먹고 출발할까요?

광개토대왕릉비(왼쪽)와 탁본(오른쪽)

마지막 개성상인이 세운 호림박물관

"황수영 선배님! 고유섭 관장님의 강의를 들으면 가슴이 벅차오르는 듯해요. 당장이라도 박물관으로, 왕릉으로 달려가고 싶어요."

"나도 그랬어, 관장님은 우리 문화재의 가치를 누구보다 잘 알고 사랑하시는 분이지. 나는 나중에 꼭 우현 선생님처럼 멋진 박물관장이 될 거야. 장섭아, 네가 상인이 되더라도 문화재에 대한 관심을 놓지 않았으면 해."

개성공립상업학교 학생 윤장섭은 개성부립박물관 우현 고유섭 관장의 강연에 감동받아 평생 문화재를 지키는 사람이 되겠다고 굳게 다짐했습니다. 고향 선배인 황수영은 벌써 고유섭 관장의 제자가 되어 박물관 일을 열심히 배우는 중이었어요. 윤장섭은 해방 뒤 회사를 세우고 돈을 벌면서부터 문화재를 하나둘씩 모았어요. 그때마다 국립중앙박물관 관장이 된 황수영 선배의 도움과 지지를 받았지요.

윤장섭 할아버지는 큰 회사의 회장이 되고 나서도 날마다 지하철을 이용하고 자신을 위해서는 비싼 옷이나 구두를 일절 사지 않을 만큼 검소하게 지내셨다고 해요. 그렇지만 문화재는 반드시 가치를 인정받아야 한다며 한 번도 값을 깎지 않았어요.

그렇게 모은 문화재가 자그마치 1만 5,000점이 넘는데, 그 가운데 국보와 보물만 해도 60여 점이 됩니다. 1982년, 좋은 문화재일수록 박물관에 두어 많은 사람이 와서 봐야 한다며 호림박물관을 세웠어요.

어때요? 윤장섭 할아버지 멋지지 않아요? 박물관에서 어린이를 만나면 환하게 웃으며 맞아 주던 멋진 할아버지는 2016년 94세로 돌아가셨습니다. 그러나 그분이 함께 나누고 싶어 했던 소중한 문화재는 여전히 호림박물관에서 우리를 기다리고 있어요. 국보 제211호 『백지묵서묘법연화경』은 윤장섭 할아버지가 가장 아끼는 문화재 1호라고 생전에 늘 말씀하셨어요. 세종 때 일본으로 흘러 나갔는데, 1971년 일본에 가서 어렵사리 구해 오셨거든요.

국보 제222호인 청화백자매죽문호는 평생을 친하게 지내던 최순

호림박물관 신림 본관

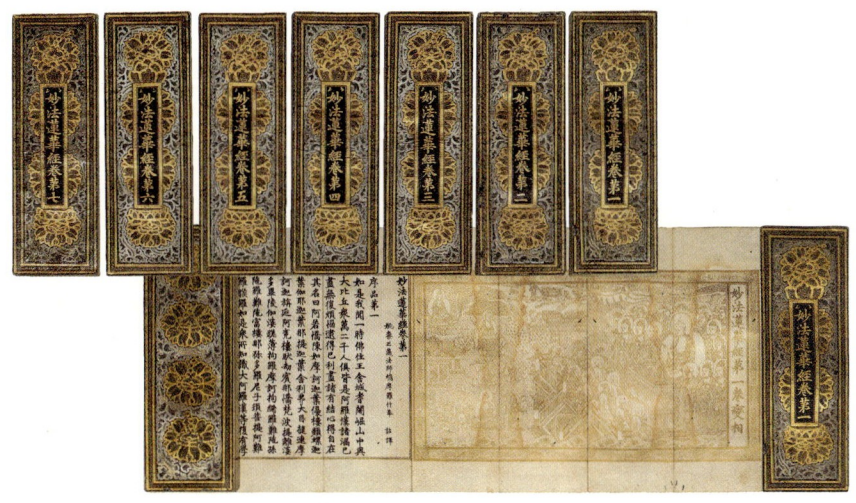

백지묵서묘법연화경

우 선생이 중요한 도자기니 꼭 사야 한다는 말에 당시 빌딩 한 채 값인 4,000만 원이라는 거금을 두말 않고 냈다고 해요. 매화 가지와 대나무가 푸른 안료로 아주 멋들어지게 그려졌으니 눈을 크게 뜨고 천천히 감상해 봐요.

문화재 하나하나에 담긴 윤장섭 할아버지의 마음을 생각하며 전시실을 둘러보세요. 가슴 벅찬 감동이 느껴지나요? 여러분도 우리 문화재를 지키는 사람이 되기로 약속해 보면 어떨까요? 관악구에서 만난 역사와 문화재, 그리고 사람의 이야기를 기억하며 다음에는 서울 북쪽의 은평구에서 만나요.

은평

답사 코스

구파발역 ❷ 출구 7211번 ➡ 은평역사한옥박물관 ➡ 은평한옥마을 ➡ 진관사

한옥마을이 된 천 년의 땅, 천 년의 사찰

은평의 역사를 간직한 은평역사한옥박물관

서울의 서북쪽 끝에 있는 은평구는 전체 면적의 절반 정도를 북한산 국립공원이 차지하고 있어요. 아름다운 계곡과 공원, 숲 등 깨끗하고 맑은 자연 경관을 많이 품고 있지요. 북한산은 무엇보다 웅장한 바위 봉우리로 유명해요. 이러한 북한산의 모습, 그리고 그 속에 깃든 역사와 사람들의 이야기를 가장 잘 만날 수 있는 곳이 은평역사한옥박물관에서 진관사로 가는 길이랍니다.

 "우아! 바위 봉우리가 정말 대단해요!"

 "오늘은 저 멋진 경치를 계속 보게 될 거야. 그중에서도 여기

박물관에서 보는 광경이 최고란다."

　은평역사한옥박물관은 2014년 은평한옥마을 안에 만들어졌어요. 박물관 입구에서 올려다보는 북한산의 경치만으로도 박물관에 참 잘 왔다는 생각이 들 거예요. 물론 박물관 안에도 재미있는 볼거리가 많아요.
　2층에 있는 은평역사실은 은평구 역사에 관한 세 가지 이야기를 들려주는 곳이에요.
　첫 번째는 길과 사람 이야기예요. 은평구는 한양(서울) 궁궐을 떠나 의주를 거쳐 중국으로 가는 '의주로'가 지나는 곳이었어요. 그래서 중국으로 떠나는 사신 행렬, 통역관, 숙소였던 역원의 이야기를 전시해 두었어요. 역원에서 말을 받을 때 내민 마패도 보고, 의주대

은평역사한옥박물관

로도 지도에서 찾아보세요.

두 번째는 은평뉴타운을 만들면서 발견한 유적과 유물 이야기예요. 아파트 단지를 만들다가 5,000기가 넘는 조선 시대의 공동묘지를 발견했어요. 양반과 백성뿐 아니라 왕족과 내시, 궁녀들의 묘도 함께 있었지요. 전시 유물 중에는 계란도 있어요. 크기가 요즘 계란보다 작은데, 깨지지 않고 보존되었어요.

항아리에 든 채 발굴된 조선 시대 계란

"깨지지 않은 계란이 부장품으로 발견되는 경우는 세계적으로 희귀한 일이란다. 그런데 왜 무덤에 계란을 넣었을까?"

"저승 갈 때 배고프지 말라고 넣은 것 아닐까요? 아니면 알에서 생명이 태어나니, 다시 태어나기를 바라는 마음일 수도 있고요."

마지막 세 번째는 북한산 여기저기에서 만날 수 있는 사찰과 그곳에서 발견된 유물 이야기랍니다. 북한산에는 삼천사, 진관사, 사현사, 수국사 등 많은 사찰이 있어요. 전시실에서는 사찰들이 간직한 불상과 불교 그림 같은 소중한 유물을 소개하고 있어요. 그중 진

관사에서 발견된 태극기는 꼭 눈여겨보길 바라요. 잠시 후 진관사 태극기 속에 깃든 고맙고 안타까운 이야기를 들려줄 테니까요.

천 년의 역사를 간직한 사찰, 진관사

비구니들의 사찰인 진관사로 올라가는 길은 아름답기로 유명해요. 일주문을 지나면 짧지만 시원한 계곡과 아늑하게 둘러싸인 산길 속에 탁 트인 사찰 전경이 나타나지요. 진관사는 단정하고 예쁘게 정리된 모습을 자랑한답니다. 북한산 자락에서 가장 큰 절로 거듭난 진관사도 처음에는 아주 작은 암자로 시작했어요. 절로 들어가면서 진관사가 탄생한 이야기를 해 볼게요.

고려의 7대 왕 목종은 아들이 없어서 태조 왕건의 열두 살 난 손자인 대량원군을 다음 왕으로 삼고자 했어요. 그런데 목종의 어머니 천추태후는 자신의 아들을 왕위에 앉히려고 대량원군을 개경 외곽에 있는 숭경사라는 절로 보내 강제로 승려로 만들었어요. 그러고도 불안했던지 대량원군의 목숨을 빼앗을 계략을 세웠습니다. 그렇지만 숭경사는 오가는 사람과 스님들이 많아 뜻을 이루기가 어려웠어요. 그래서 천추태후는 대량원군을 북한산 아래에 있는 작은 암자로 옮겼어요. 그곳은 사람들이 거의 찾지 않는 외진 곳인 데다 수행하는 스님도 한 명밖에 없었거든요. 하지만 천추태후의 음모를 눈치챈 스님이 굴을 파고 숨겨 준 덕분에 대량원군은 목숨을 지킬 수 있었습니다.

훗날 왕위에 오른 대량원군(고려 8대왕 현종)은 자기 목숨을 지켜

진관사 수륙재

준 스님을 위해 큰 절을 지었습니다. 그 스님의 이름이 '진관'이었어요. 그 뒤 진관사는 고려 왕실의 보호를 받으며 큰 사찰로 거듭났습니다. 참고로, 현종은 나라 안에서 가장 좋은 자리를 찾아 절을 만들라 명을 내렸다고 해요. 우리가 가는 진관사가 고려 왕실이 인정한 최고의 장소라니 왠지 기분이 더 좋아요.

"진관사가 고려 왕실이 보호한 절이면 조선 시대에는 어떻게 됐나요? 유교를 따르는 조선은 불교를 싫어했잖아요."

"맞는 말이야. 하지만 태조 이성계는 조선을 건국하면서 죽어 간 사람들을 위해 한양과 가까운 이곳 진관사에서 수륙재를 베풀었어. 그 덕에 진관사는 피해를 입지 않았단다."

조선 세종 때 진관사에는 특별한 건물이 만들어졌어요. 바로 집현전 학사들을 위한 독서당이에요. 휴가 때 이곳에 와서 책도 읽고 쉬라는 세종의 배려였죠. 휴가를 받은 집현전 학사 중에는 『훈민정음 해례본』을 만드는 데 참여한 사람들이 많았어요. 그때는 한글을 반대하는 신하가 훨씬 많은 탓에 궁궐에서는 드러내 놓고 연구할 수 없었답니다. 그래서 진관사에서 비밀리에 한글을 연구했을 것으로 짐작하는 학자들도 많아요. 진관사가 세종대왕의 한글 창제와도 관련이 있다니 신기한 일이에요.

독서당은 어디에 있냐고요? 정확한 위치는 아직 몰라요. 안타깝게도 6·25전쟁 때 건물 세 동만 남고 진관사가 모두 불타 버렸는데, 독서당의 위치를 알 수 있는 자료까지 타 버렸거든요. 불타지 않은 나한전, 독성각, 칠성각은 사찰에서 가장 작은 건물들이에요. 그래도 다행히 살아남아 진관사의 역사를 이어 가고 있어요. 대웅전을 바라보고 오른쪽 구석에 있어서 금방 찾을 수 있어요.

그중 칠성각에는 또 하나의 소중한 유물이 있어요. 아까 은평역사한옥박물관에서 본 진관사 태극기를 기억하세요? 맞아요. 그 태극기가 발견된 곳이 바로 칠성각입니다. 2009년 5월에 칠성각을 보수하다가 뜻밖의 물건을 발견했어요. 그것은 오래된 태극기와 『독립신문』 등 20점의 독립운동 자료였어요. 1919년 3·1운동 때 사용한 것으로 보이는 태극기가 90년 만에 모습을 나타낸 거예요. 진관사가 항일 독립운동의 유적으로 또 한 번 이름을 드높였지요.

이 유물들은 누가 일본 순사들의 눈을 피해 태극기로 싸서 칠성

진관사 태극기

각 불단과 기둥 사이에 급히 숨겨 둔 것이었어요. 나중에야 이것을 숨겨 둔 분이 독립운동가 초월스님으로 밝혀졌는데, 그 무렵 일본에 붙잡혀 감옥에서 돌아가셨어요. 그래서 태극기의 존재를 아무도 몰랐던 거예요.

고려에서 조선으로, 그리고 근현대로 이어지는 역사 속에서 중요한 역할을 한 진관사. 뿌듯한 마음으로 진관사 답사를 마치고 집으로 돌아가야겠어요.

지금까지 서울의 가장 바깥쪽을 이루는 동(강동·송파), 서(구로), 남(관악), 북(은평)을 가 봤으니 다음 탐방부터는 옛날 서울의 경계였던 한양도성을 따라갈 거예요. 산과 평지를 넘나드는 도성길마다 과연 어떤 역사가 깃들어 있을지 기대해도 좋아요.

한양도성길
낙산공원~흥인지문

답사 코스

혜화역 ❶ 출구 ➡ 낙산공원 ➡ 장수마을, 이화마을 ➡ 동대문성곽공원, 한양도성박물관 ➡ 흥인지문

5
한양도성길 걷기 첫걸음, 동쪽 낙산 구간

 "선생님, 저 한국사검정능력시험 합격하고 싶어요!"

 "마침 잘됐구나. 오늘 한양도성길을 걸으면서 합격 소원을 빌어 보렴."

 바라는 일을 이루게 해 달라고 소원을 비는 것은 어느 시대, 어느 나라에나 있는 의식이지요. 조선 시대에 과거를 보려고 한양(서울)으로 올라온 지방 선비들도 과거 급제를 기원하며 한양도성을 한 바퀴 도는 의식을 치렀다고 해요. 도시락을 챙겨 새벽에 출발하면 늦은 저녁이 다 되어서야 돌아오곤 했답니다. 하지만 그건 경건한 의식이라기보다 처음 보는 한양의 경치를 감상하며 머리를 식히는

산책에 가까웠기 때문에 나중엔 '놀이'라는 이름이 붙었어요. 바로 '순성놀이'죠.

  우리도 서울의 역사와 문화를 둘러보는 첫걸음을 순성놀이로 시작하면 좋을 듯해요. 옛 한양을 둘러싼 총 18.6킬로미터의 한양도성길. 오늘은 그 시작으로 동쪽 성벽을 향해 떠나 봅니다.

한양도성 5대 명승지 중 하나였던 낙산공원

지하철 4호선 혜화역 1번이나 2번 출구 어느 곳에서 출발해도 낙산공원까지 찾아가기는 쉬워요. 막바지에는 제법 숨이 차는 오르막이지만 5분 정도만 힘을 내면 돼요.

  혜화역 주변은 늘 사람들로 넘쳐나요. 매일같이 연극이나 콘서트

한양도성 낙산 구간 성벽

가 열리는 공연장이 우리나라에서 가장 많이 모여 있거든요. 연극, 영화와 관련한 여러 대학교의 캠퍼스가 들어서 있기도 하고요. 덕분에 근처에는 예쁜 찻집과 음식점이 즐비해요.

낙산공원에 도착했나요? 그럼 성벽이 어디 있는지 찾아보세요. 여기까지 오르기가 쉽지 않았겠지만 성벽을 등지고 뒤를 돌아보면 많은 위로가 될 거예요. 바로 이곳이 조선 시대의 한양도성 5대 명승지 가운데 하나로 꼽혔던 낙산공원이랍니다.

전망이 마음에 드나요? 여러분이 성벽을 등지고 바라보는 쪽이 성의 안쪽, 즉 600년 동안 한양이라 불리던 조선의 도읍이지요. 이곳 전망은 밤에 더욱 아름다워서 서울의 야경 명소로 사랑받고 있어요. 다음엔 꼭 밤에도 찾아와 보세요. 달 밝은 밤이면 더 운치가 있을 거예요.

성벽을 허문 이유

한양도성길은 내사산(낙산, 인왕산, 북악산, 남산)이라 불리는 네 개의 산줄기를 따라 이어져 있어요. 그래서 높은 곳도 있고 낮은 곳도 있지요. 사람들이 주로 이용하던 큰길에는 성 안팎을 드나드는 문이 세워졌는데, 여러분이 잘 아는 숭례문(남대문)과 흥인지문(동대

문)도 그중 하나죠.

한양도성은 조선이 세워질 무렵인 1396년 건설되어 1910년 일본의 식민지가 될 때까지 수도 한양의 경계를 짓고 방어하는 기능을 했어요. 같은 목적으로 쌓아 올린 성들 중 세계에서 가장 규모가 크고 오랫동안 기능을 해냈답니다.

한양도성이 성의 기능을 잃은 것은 일제 강점기부터예요. 성을 관통하는 전찻길이 놓였거든요. 1907년 일본 왕세자의 방문을 앞두고 길을 넓히느라 숭례문 좌우 성벽이 헐렸고, 그 뒤로 소의문, 광희문, 돈의문 등이 차례로 헐리거나 방치되다가 점점 무너져 내리고 말았어요.

"도쿄 유학 시절에 보면, 일본 사람들은 자기네 전통이 묻어 있는 것이라면 아주 작은 것 하나라도 함부로 없애거나 변형하지 않더니만……."

"그러게나 말일세. 우리 문화재를 훼손하고 파괴하는 데는 왜 이리 거침이 없는지, 원."

그 무렵 일본에 유학을 다녀온 지식인들은 일제가 벌인 이런 일들에 훨씬 민감했을지 몰라요. 일제가 우리 문화재를 가혹하게 대한 이유는 여러분의 추리에 맡길게요.

그렇지만 잘린 성벽을 온전히 이어 가기 위해 노력을 쏟은 결과, 한양도성은 현재 전체의 70퍼센트 정도가 복원되었어요. 그리고 성벽을 따라 나란히 걸을 수 있는 산책로가 곳곳에 조성되어 있답니다. 앞으로도 이런 노력이 꾸준히 이어져 좀 더 원형에 가깝고 누

구나 자주 찾을 수 있는 도성길이 되었으면 하는 바람이에요. 사람이 다니지 않는 길은 죽은 길이 돼 버려요. 이곳을 찾아 부지런히 다니는 것만으로도 여러분은 큰일을 하는 거랍니다.

성 안팎 오래된 마을을 다른 방식으로 살리기

낙산공원 정상부터는 내리막길뿐이니 이제 줄곧 산책하듯 걸으면 돼요. 낙산은 내사산 중에서 가장 낮은 산이에요. 그런데도 이곳의 전망이 좋은 이유는 도성길 안과 밖에 붙어 있는 마을의 집들이 모두 나지막해서 시야를 가리지 않기 때문이지요.

  도성길 안팎에 자리 잡은 작은 집들은 아주 오래전부터 마을을 이루고 있었어요. 바로 이화마을과 장수마을이랍니다. 도성을 드나드는 문과 가깝고, 비교적 높은 지대가 아닌 덕분에 오랫동안 사람들이 살아왔어요. 그래서 낙산공원에는 성 안팎을 따라 주민들이 다니던 길이 반듯한 산책로로 잘 닦여 있습니다.

  산책로를 걸으며 안과 밖의 경치를 비교해 보는 것도 재미있어요. 또 안팎의 어느 길을 택하든 '암문'이라는 쪽문을 통해 다시 반대편으로 이동할 수 있기 때문에 고민할 필요가 없지요. 암문은 성 안팎으로 왕래가 잦은 곳에 설치된, 성벽 아래에 난 작은 문이에요. 당시 서민들의 생활을 그대로 체험해 보는 것 같아 정겹고 묘한 기분이 듭니다.

  도심에서 낙후한 지역을 재개발할 때는 흔히 주택을 모두 헐어 버리고 그 자리에 아파트를 짓는 경우가 대부분이었어요. 그런데

이화마을과 장수마을은 주민 투표를 거쳐 다른 방식을 택했어요. 오래된 주택과 길을 깨끗이 정비하고, 낡은 벽에 벽화를 그리는 등의 노력을 기울여 마을을 새롭게 단장한 거예요. 그 결과 주민들이 본래부터 살던 익숙한 삶의 방식을 크게 바꾸지 않은 채 유지할 수 있었어요.

특히 이화마을의 벽화는 여러 미술가와 학생들이 참여해서 만들었어요. 이 때문에 언제나 많은 관광객들이 찾아와 마을 곳곳의 벽화를 구경하느라 북적인답니다. 그러나 이화마을은 관광지가 아니라 주민들의 생활 터전이니까, 이곳을 둘러볼 때는 큰 소리로 떠들거나 장난을 쳐서는 안 되겠어요.

성을 쌓은 사람들의 마음

이화마을을 지나서 계속 성벽길을 따라 흥인지문 방향으로 내려가다 보면 갑자기 시야가 확 트입니다. 아쉽게도, 줄곧 이어지던 성벽이 언덕 아래로 내려서다가 끊어져 있어요.

　이곳이 한양도성 낙산 구간의 마지막 자락입니다. 그 아쉬움을 달래 주듯 이 주변은 널찍한 공원으로 이루어져 있어요. 동대문성곽공원입니다. 예전에 큰 종합 병원(이대부속병원)이 있던 자리예요. 여기저기 앉아 쉴 곳이 있고, 성벽 가까이에서 사진을 찍기에 좋아요. 철마다 꽃들이 공원 안을 가득 채워 계절의 정취를 느끼기에도 그만이죠.

　이 공원의 큰 장점은 바로 흥인지문을 가장 가까이에서 볼 수 있

장수마을

다는 거예요. 숭례문과 달리 흥인지문은 가까이에서 관람할 길이 연결돼 있지 않아요. 둘레를 차들이 쌩쌩 다니지요. 그래서 흥인지문을 보기에는 여기가 최고 명당이랍니다. 공원에 앉아 쉬면서 오늘 탐방한 곳들의 이야기를 되새겨 보면 좋겠어요.

자, 휴식을 끝냈으면 성벽이 흥인지문에 채 닿지 못하고 끝나는 지점에서 성벽 반대편으로 돌아가 볼까요?

성벽에서 글씨가 새겨진 돌(각자성석)을 찾아보세요. 성을 쌓을 때 축성 책임자, 기술자, 담당 구간을 새겨 놓은 돌입니다. 나중에 공사가 부실하다는 사실이 밝혀지면 책임을 묻겠다는 정책이에요. 일종의 '공사 실명제'였다고 할 수 있죠. 오늘날 기준으로 보아도

암문

조선의 행정이 매우 엄격하게 이루어졌다는 것을 알려 줍니다. 지금까지 발견된 각자성석은 모두 282개인데, 그중 가장 많은 수가 낙산 구간에 있어요.

동대문성곽공원을 떠나기 전에 가 볼 곳은 한양도성박물관이에요. 규모는 작아도 한양도성의 역사와 그 속에 깃든 문화, 축조 과정, 그리고 현재 조성되어 있는 도성길 모든 구간의 정보가 자세히 담겨 있어요. 한양도성길에 처음 도전할 때 미리 들러 보면 좋습니다.

한양도성이 처음 완공된 것은 지금으로부터 약 620년 전이에요. 일제 강점기에 무자비하게 파괴되고 해방 후에는 도시 개

낙산 구간의 각자성석

발을 겪으면서도 지금까지 일부나마 보존되었다는 것은 그만큼 튼튼하게 잘 쌓았다는 뜻이에요. 하지만 그동안 많은 학자, 기술자, 공무원 들이 도성을 복원하기 위해 고마운 땀을 흘렸다는 것 또한 잊어서는 안 돼요. 덕분에 한양도성은 점점 더 많은 사람들이 찾아보게 되었고, 조만간 유네스코 세계문화유산에 등재되기를 기다리고 있기도 해요. 그러나 앞으로 해야 할 일이 더 많습니다. 그중에는 여러분이 자라서 맡을 역할도 분명 있을 거예요.

6
경희궁에서 인왕산까지, 한양도성길 서쪽 구간

1915년에 일제는 한양도성의 서쪽을 지키던 돈의문을 헐었어요. 도로를 넓히고 전차가 다니려면 어쩔 수 없다는 이유로요. 돈의문 주변에 살던 사람들은 매일같이 보던 성문이 하루아침에 사라져 버리자 나라 잃은 슬픔이 무엇인지 가슴 깊이 깨달았어요. 돈의문뿐만 아니라 그 아래 소의문, 그리고 숭례문으로 이어지는 성벽도 차츰차츰 철거되어 모두 사라졌어요.

돈의문 동쪽에 있는 경희궁도 건물 하나 남지 않은 빈 궁궐이 되어 버렸어요. 반면 돈의문 서쪽에 위치한 서대문형무소는 독립을 외치다 갇혀 버린 사람들로 가득했어요. 그들의 가족은 사라져 버린 돈의문 근처에다 방을 구해 형무소에 갇힌 독립운동가들을 옥바라지했어요.

"바로 눈앞에 형무소가 있는데 쉽게 면회도 못 하고, 가족들은 정말 가슴 아팠을 거예요."

"맞아. 그래서 가족들은 형무소에 갇힌 이들이 보고 싶을 때마다 인왕산에 올랐단다. 형무소를 내려다보던 가족들의 마음이 어땠을지 헤아릴 수 있겠니?"

한양도성 서쪽 구간은 다른 구간에 비해 스러져 간 역사가 유독 많은 곳이에요. 현재 서쪽 구간의 성벽은 대부분 복원되었지만, 안타깝게도 사라진 돈의문과 소의문은 제자리를 찾지 못하고 있답니다. 자, 그럼 사라진 역사를 되찾아 보는 한양도성 서쪽 구간 탐방을 시작해 볼까요?

사라진 궁궐, 경희궁을 찾아라

"경복궁, 창덕궁, 창경궁, 덕수궁은 가 본 적도 있고 자주 들어 봤는데 경희궁은 좀 낯설어요."

"그래. 서울의 다섯 궁궐 중에서 경희궁은 이름도 위치도 잘 모르는 사람이 많아. 다섯 궁궐 중 경희궁만 아무 흔적도 없이 완전히 사라졌기 때문이란다."

오늘 탐방은 경희궁에서 시작해요. 사라진 궁궐에서 어떻게 시작하느냐고요? 정확하게 말하면 경희궁 100여 채의 건물 가운데 세 채는 살아남았어요. 비록 다른 곳으로 옮겨져 버렸지만요.

경희궁으로 가려면 지하철 5호선 광화문역이나 서대문역에 내리면 돼요. 경희궁은 두 역 사이에 있는데, 어디서 걸어가든 10분이 채 걸리지 않아요. 그런데 막상 찾으려 하면 잘 보이지 않지요. 마치 큰 건물들 사이에 숨어 있는 것 같거든요.

찾기 힘들 때는 이렇게 해 봐요. 광화문에서 나왔다면 서울역사박물관을, 서대문역에서 나왔다면 경찰박물관을 찾아보세요. 둘 다 큰길가에 있어서 금방 찾을 거예요. 두 박물관 사이에 서 보세요. 커다란 기와 문이 하나 보이나요? 잘 찾았어요. 바로 경희궁의 정문인 흥화문이에요.

들어가기에 앞서 흥화문을 자세히 살펴볼까요? 경희궁 정문인

흥화문

흥화문은 현재 경희궁에 있는 건물 중 유일한 '진짜'입니다. 그런데 이사를 참 많이 다닌 문이기도 해요. 1616년에 세워졌으니 나이는 400살이 넘었죠.

300년 동안 열심히 궁궐을 지킨 흥화문은 일제 강점기인 1932년에 박문사라는 절의 문이 되어 버렸어요. (전통 건축물은 해체한 뒤에 옮겨서 다른 곳에 세울 수 있어요.) 박문사는 일본의 어떤 유명한 인물을 기리기 위한 절이었어요. 누구일까요? 바로 을사늑약으로 대한제국의 외교권을 강제로 빼앗은 일본의 총리 이토 히로부미예요. 궁궐의 정문이 나라를 빼앗아 간 원수를 기리는 절의 문 노릇을 하게 됐으니, 흥화문은 몹시 마음이 아팠을 거예요.

그런데 해방 후에도 흥화문은 제자리로 갈 수 없었어요. 경희궁 자리에 학교가 들어섰기 때문이에요. 결국 그 자리에 남아 신라호텔의 정문 신세가 됐어요. 다행히 1988년에 경희궁을 복원하면서 흥화문은 현재의 자리로 돌아왔습니다. 그러나 함께 있던 건물들이 모두 사라진 탓에, 새로 복원된 건물들 사이에 유일하게 경희궁의 역사를 간직한 채 서 있게 되었어요. 그러니 흥화문은 아픈 역사를 견디고 살아남은 고맙고도 대견한 문이에요.

안으로 들어서면 문밖의 복잡한 도로와는 전혀 다른 경치가 펼쳐져요. 잔디가 깔린 넓은 뜰과 반듯한 궁궐 건물이 나타나죠. 사실 어느 궁궐이든 궁궐 안에는 넓은 뜰이 없었어요. 경희궁도 마찬가지예요. 아직 복원되지 못한 건물 터라고 생각하면 됩니다.

숭정전으로 가 봐요. 계단만 오르면 바로 보입니다. 경희궁의 정

전(궁궐에서 가장 중심이 되는 건물)인 숭전전은 없어지지 않고 살아남았어요. 다만 1926년 일제에 의해 일본인 사찰로 팔려 갔다가 지금은 동국대학교 안에 정각원이라는 이름으로 남아 있어요. 여러분이 보는 숭정전은 그것을 본떠서 만든 새 숭정전이에요.

숭정전 뒤로 오르면 경희궁이 이곳에 지어진 이유를 간직한 커다란 바위가 있어요. 서암 또는 왕암이라 불리는 바위인데, 한번 찾아보세요. 숭정전 뒤편 왼쪽에 있어서 어렵지 않게 찾을 거예요. 궁궐 안에 이렇게 큰 바위가 버티고 있다니, 놀랍지 않아요?

임진왜란이 끝나고 왕위에 오른 광해군은 어느 날 깜짝 놀랄 만한 소문을 들었어요. 도성 서쪽 서암에서 왕의 기운이 흘러나온다는 얘기였어요. 자기가 왕인데 새로운 왕의 기운이 나온다면, 누군가에게 왕 자리를 빼앗기는 것은 아닐까 생각했죠. 광해군은 걱정이 이만저만 아니었어요. 만약 여러분이라면 어떻게 했을까요?

그때 신하들이 기발한 생각을 했습니다. 서암을 둘러싸고 궁궐을 지으면 왕의 기운을 광해군이 갖게 되는 셈이니 새 궁궐을 짓자는 거예요. 광해군은 기분이 좋아졌어요. 그런데 서암 주변에는 벌써

경희궁 서암

많은 사람들이 집을 짓고 살고 있었죠. 하지만 광해군은 아랑곳하지 않고 서암 주변의 집을 모두 헐고 백성들을 이사시켰습니다. 그런 다음 그곳에 경덕궁(훗날 경희궁)이라는 궁궐을 지었어요. 공사는 잘되었습니다. 모든 것이 잘 풀려 갔어요.

그런데 얼마 지나지 않아 광해군이 쫓겨나고 인조가 왕위에 오르는 인조반정이 일어났어요. 놀라운 일은 인조가 바로 그 서암 주변에 살다가 쫓겨난 사람 중 한 명이었다는 거예요. 이로써 서암에 얽힌 소문은 사실이 되었죠. 그 후로 인조의 후대 왕들은 이 바위를 더욱 소중히 여겨 서암은 경희궁의 상징이 되었어요.

놀라운 이야기를 간직한 서암을 뒤로하고 이제 다음 장소로 가요. 한양도성 서쪽 성벽을 만나러 가는 거예요. 자, 그럼 다시 흥화문으로 나가 볼게요.

돈의문 터에서 딜쿠샤까지

흥화문 오른쪽으로 100미터쯤 걸어가면 경향신문사가 있는 정동사거리가 나옵니다. 여기서 우리는 송월길을 따라 올라갈 거예요. 그러면 한양도성의 멋진 서쪽 성벽이 금방 나타나지요.

그런데 잠깐, 송월길 입구에서 왼쪽을 잘 살펴보세요. "돈의문 터 1422년~1915년"이라고 적힌 나무 벽 조형물이 있는데, 찾았나요? 이 사거리가 바로 돈의문이 있던 장소예요. '서쪽의 큰 대문'이라는 뜻으로 '서대문', 세종 때 새로 만들었다 해서 '새문' 또는 '신문'이라고도 했어요. 이 근처에 자리한 '서대문형무소', '새문안교

경교장

회', '신문로' 같은 명칭이 이 돈의문의 별명에서 비롯되었어요.

돈의문 터 바로 위쪽에는 강북삼성병원이 있는데, 병원 안에는 한눈에도 오래되어 보이는 서양식 건물이 하나 있어요. 마치 신식 병원이 구식 건물을 감싼 듯해요. 이 건물은 1945년에 중국에서 귀국한 김구 선생이 지내신 경교장이에요.

김구 선생은 이곳에 머무르며 통일된 나라를 만들기 위해 애쓰셨죠. 하지만 1949년 6월 26일, 이곳에서 안두희의 총탄에 서거하셨어요. 경교장 2층에는 그때의 총알 자국이 그대로 복원되어 있답니다. 안두희는 김구 선생이 평소 알고 지낸 청년 군인이었는데, 누구의 명령을 받고 김구 선생을 암살했는지 끝내 밝히지 않고 세상을 떠났어요. 김구 선생이 돌아가신 뒤 경교장은 여러 용도로 쓰이다가 병원(강북삼성병원)이 됐어요. 그렇지만 역사적인 장소이니만큼 역사관으로 만들어 2013년부터 시민들에게 개방했죠.

경교장을 나와 송월길을 따라가 봐요. 얼마 걷지 않아 한양도성

의 성벽이 나타나요(송월1길). 시민들을 위한 월암근린공원도 함께 조성되어 있으니 올라가 봐요. 새로 복원한 성벽이 늠름하게 서 있는 모습이 보일 거예요.

공원 끝에는 예쁜 독일식 집 한 채가 있어요. 이 집의 본래 주인은 『대한매일신보』를 만든 영국인 베델이었어요. 한국을 사랑한 베델은 정원이 널찍한 예쁜 한옥을 짓고 살았대요. 그러나 베델이 일본에 의해 쫓겨난 뒤 이 일대는 여러 집으로 나뉘었는데, 그때 독일식으로 다시 지어졌어요.

이 집은 훗날 작곡가 홍난파의 소유가 됐어요. 홍난파는 「봉선화」, 「고향의 봄」 등 우리나라를 대표하는 가곡을 만들었지요. 집 안은 홍난파의 유물과 이야기를 담은 전시관으로 꾸며져 있어요. 안

홍난파가옥

타까운 사실은, 홍난파가 1937년 이후 일본에 협력한 친일 음악가가 되었다는 거예요. 그래서 홍난파가옥은 항일 유적인 동시에 친일의 역사가 담긴 유적이기도 하죠.

 홍난파가옥을 나와 송월1길을 따라 조금 더 올라가 봐요. 사직터널 위로 난 도로를 따라 계속 가 보세요(사직로2길). 공영주차장을 지나 좁은 골목으로 들어가면 서양식 건물 '딜쿠샤'가 보일 거예요. 그 옆에는 권율 장군이 살았던 집터 표지석도 있어요. 표지석과 함께 좁은 골목 안에 450년이 넘은 은행나무가 있어요.

 딜쿠샤는 권율 장군의 집터에 지은 집으로 알려져 있어요. 이 집의 주인은 미국인 테일러 부부였어요. 테일러는 사업가이자 언론인이었는데, 3·1운동을 세계에 처음 알린 사람이기도 해요. 그 뒤에도 한국의 독립운동을 적극적으로 알리다 일본에 의해 미국으로 추방당했어요. 한국을 사랑한 테일러는 유언에 따라 마포의 양화진

외국인선교사묘원에 잠들어 있어요. 집 이름인 딜쿠샤는 테일러 부인이 지었는데, 인도 말로 '기쁨', '행복한 마음'이라는 뜻이래요.

사직단에서 인왕산 정상으로

딜쿠샤 건물 뒤쪽으로 골목길을 따라 올라가면 양쪽으로 이어지는 도로가 나와요. 우리는 단군성전과 사직단을 보기 위해 오른쪽으로 조금 올라갔다가 다시 내리막길을 5분 정도 내려갈 거예요. 성벽이 나타나지요? 그 아래 사직공원(사직단) 표지판이 가리키는 길(인왕산로1길)로 가세요. 그 길이 끝나는 도로 건너편으로 한옥식 건물과 단군 할아버지 얼굴이 보이면 다 온 거예요.

　　단군을 모신 곳은 전국에 헤아릴 수 없을 만큼 많지만, 공공 기관

사직단

에서 인정한 곳은 여기 사직동 단군성전이 처음이에요. 매년 개천절(10월 3일)에 큰 행사가 열린답니다.

단군성전 아래에는 사직단이 있어요. 내려가 볼까요? 안으로 들어가 볼 수는 없지만 사직단은 조선 시대에 아주 중요한 국가 시설이었어요. 조선은 농업을 근본으로 삼은 나라인 만큼 땅의 신(사)과 곡식의 신(직)에게 제사 지내는 일을 무척 중요하게 여겼어요. 1년에 세 번, 봄·가을·겨울에 왕이 직접 제사를 지냈어요. 지방에서는 수령이 왕을 대신해 봄과 가을에 제사를 지냈고요. 종묘와 사직은 '국가' 자체를 뜻할 만큼 중요했어요.

"사극에서 이렇게 말하는 걸 본 적 있어요. 전하, 종묘사직을 지키시옵소서!"

"종묘는 왕과 왕비의 영혼을 모시는 곳이어서 한양에만 있었던 데 반해, 땅과 곡식의 신을 모시는 사직은 백성이 있는 곳이라면 어느 고을에나 만들어 두고 제사를 지냈어. 그래서 전국에 '사직'이라는 지명이 많이 생겼어. 대표적인 곳이 부산의 사직야구장이지."

이제 사직단의 의미와 중요성을 잘 알았죠? 그럼 다시 발길을 돌려 인왕산로로 올라갑니다. 단군성전 정문에서 조금만 올라가면 전통 활쏘기 터인 황학정이 나와요. 이 황학정이 살아남은 경희궁의

황학정에서 활을 쏘는 모습

세 건물 중 마지막 건물이에요. 1922년 경희궁에서 이곳으로 옮겨졌죠.

그런데 활쏘기 터가 왜 여기에 있을까요? 그것은 선조들이 도성의 서쪽 산인 인왕산을 호랑이의 기운을 지닌 산으로 여겼기 때문이에요. 그래서 많은 무인들이 인왕산 일대에서 무예를 닦았어요. 그 전통을 이어받아 지금도 황학정에서 시민들이 활을 쏘며 몸과 마음을 수련한답니다.

황학정에서 5분쯤 올라가면 호랑이상을 만나게 돼요. 여기에서 더 가면 인왕산으로 오르는 길이 나옵니다. 이제 마지막이에요. 엄청난 돌계단에 겁을 먹지는 않았겠죠? 꾹 참고 20분만 올라가 봐

요. 인왕산 정상에서 내려다보는 서울의 모습은 정말 멋지거든요. 시원한 바람을 맞으면서 오늘 다녀온 서대문 주변의 이야기를 다시 떠올려 보세요. 그리고 저 앞에 남산이 보이죠? 다음 탐방지인 한양도성 남쪽 길이에요.

한양도성길
숭례문~남산

답사 코스

서울역 ④ 출구 → 숭례문 → 대한상공회의소 성벽 → 백범광장공원 → 안중근의사기념관 → 남산 정상

한양도성길 남쪽 구간, 숭례문에서 남산까지

 "남산에 오르려면 케이블카를 타면 돼요."

 "그래. 하지만 산책 삼아 천천히 올라가면 색다른 장소들을 볼 수 있어. 힘은 들어도 보람 있는 곳이니 오늘은 걸어서 올라 볼까?"

서울을 대표하는 강이 한강이라면 산은 단연 남산입니다. 조선 시대에는 한양의 남쪽을 지키는 산이었지만 지금은 서울이 커져서 서울 한복판에 있는 산이 됐죠. 서울을 바라보는 가장 중요한 장소이자 외국 관광객이 많이 찾는 명소입니다. 이번 역사 탐방에서는 남산으로 이어지는 남쪽 성벽을 따라가며 박물관과 유적을 만나 볼

거예요.

 남산을 타고 넘는 성벽은 비교적 잘 남아 있거나 제대로 복원되었어요. 그러나 남산 양옆 평지의 성벽들은 거의 다 사라졌습니다. 안타깝게도 주택가와 빌딩 숲으로 변해 버려 복원하기가 쉽지 않은 상태예요. 아주 일부 구간이지만 건물 사이사이에 성벽의 흔적이 남아 있어 그나마 다행이에요. 빌딩 숲에 숨은 성벽과 함께 남산 자락에서 우리를 기다리는 이야기를 찾아 떠나 보아요.

숭례문 주변 숨겨진 성벽들

이번 탐방은 숭례문광장에서 시작해요. 차를 타고 다니며 바라보던 숭례문 앞에 직접 선 소감이 어떤가요? '예를 받든다'는 뜻의 숭례문은 한양으로 들어가는 정문이었으니 옛날에는 차 대신 사람들과 가마로 붐볐을 거예요. 숭례문 좌우로 멋들어진 성벽이 웅장하게 서 있었을 텐데 지금은 다 사라지고, 도로 한복판에 숭례문만 외롭게 떨어진 것 같아요. 가까이 가 볼게요.

 "숭례문 현판 글씨가 세로로 쓰여 있어요. 원래 현판은 가로로 쓰는 것 아닌가요?"

 "맞아. 현판은 보통 가로로 쓰지만 숭례문 현판이 세로인 까닭은 글씨를 세로로 써서 성문 아래를 누르고 서 있으면 불기운을 막을 수 있다 여겼거든. 특히

'숭(崇)' 자는 불이 활활 타는 모습이어서 맞불을 놓아 불을 막는다는 뜻도 있단다. 주로 관악산의 불기운을 막기 위해서였어."

사람이 많이 모여 사는 한양에는 크고 작은 화재가 잦았어요. 그런데 한양 남쪽 관악산이 불꽃 모습이어서 이곳에 사는 불귀신이 도성에 들어와 화재를 일으킨다고 믿었죠. 실제 불귀신이 있냐고요? 글쎄요. 정말 불귀신이 있는지는 모르지만 현판의 방향을 바꿔서까지 화재를 막고자 한 선조들의 노력은 인정해야 하지 않을까요? 실제 도성을 드나드는 모든 사람들이 보면서 '불조심해야겠구나.' 생각하게 했을 테니까요.

현판을 보았다면 문을 통과해 봐요. 드디어 한양도성 안쪽에 들어 온 거예요. 수문장이 있다면 인사도 꼭 드리고 기념사진도 찍기 바랍니다.

숭례문

오래도록 한양의 정문 역할을 해 온 숭례문은 2008년 방화로 일어난 어이없는 화재 때문에 불타 버렸어요. 끝내 불기운을 이기지 못했다고 사람들은 수군거렸지만 사실 문화재를 제대로 관리하지 못한 우리 잘못이었어요. 뼈아픈 반성의 마음을 담아 다시 만든 숭례문. 숭례문 화재는 문화유산을 사랑하는 마음뿐 아니라 지켜 내는 노력이 얼마나 중요한지 다시금 일깨워 준 사건이었답니다.

자, 이제 높은 빌딩 사이를 걸으며 한양도성 남쪽 구간의 흔적을 찾아볼 거예요. 눈을 크게 뜨지 않으면 놓칠지도 몰라요.

먼저 숭례문을 마주 보고 서서 왼쪽으로 대한상공회의소를 찾아보세요. 그리고 건물 왼쪽 아래를 잘 살펴보면 성벽이 살짝 보일 거예요. 찾았나요? 성벽이 있었다는 것을 알리기 위해 성벽 일부를 약 3미터 높이까지 복원해 두었어요. 담벼락만 복원하고 여장(성

성벽의 흔적

벽 위의 낮은 담장)은 복원하지 않아서 아쉬워요. 하지만 성벽을 따라 계속 걷다 보면 반갑게도 건물 아래로 진짜 성벽의 돌이 띄엄띄엄 나타납니다. 성벽이 끝나는 길 건너편에 주차장이 있어요. 그곳이 바로 소의문이 있던 자리랍니다. 주차장 담장을 따라가면 소의문 터 표지석을 찾을 수 있어요.

그럼 다시 숭례문광장으로 돌아가요. 이번에는 반대쪽으로 가 볼 거예요. 광장 입구에서 오른쪽으로 돌아가 소월로를 찾아보세요. 소월로는 숭례문광장과 숭례문수입상가 사이에 있는 큰길이에요. 이 소월로를 쭉 따라서 남산으로 오를 거예요. 소월로에 복원된 성벽은 여장까지 잘 만들어져 있어요. 산책하듯 5분만 오르면 남산의 첫 관문인 백범광장공원이 나옵니다.

백범광장공원과 안중근의사기념관

광장으로 오르는 길은 성벽이 잘 정비되어 있어요. 한양도성을 제대로 탐방하는 기분이 들지요. 성벽을 따라 오르다 보면 넓은 공간이 나올 거예요. 백범광장공원이에요. 백범광장공원은 본래 조선신궁 터의 일부였어요. 조선신궁은 일제가 일본 신을 모시려고 만든 사당이에요. 일제 강점기에 우리 민족은 이곳을 강제로 참배해야 했답니다.

해방 뒤 조선신궁은 사라졌고, 그 자리에 높이 25미터의 거대한 이승만 대통령 동상을 만들었어요. 그러나 이승만 정부의 부정 선거를 규탄한 4·19혁명 이후 이승만 대통령의 동상을 철거하고 이

안중근의사기념관

자리에 독립운동가의 동상을 세웠습니다. 백범 김구 선생, 대한민국 초대 부통령을 지낸 이시영 선생, 그리고 안중근 의사의 동상이에요. 일제 침략의 상징인 조선신궁이 있던 자리에서 독립운동가들을 만날 수 있으니 뿌듯하지 않은가요?

광장 위쪽에 가면 안중근의사기념관이 있어요. 전시관에서는 안중근 의사의 일생을 전시해요. 손가락을 잘라 독립의 의지를 맹세한 단지동맹, 무기도 병사도 변변치 않았지만 군인으로서 본분을 지키고자 한 일화, 이토 히로부미를 처단한 이유를 법정에서 당당하게 말하는 장면 등. 재판을 맡은 일본인 판사와 형무소의 간수마저 안중근 의사의 높은 기상과 훌륭한 인품에 감동했다고 합니다. 2층 기획전시실에는 보물로 지정된 안중근 의사의 옥중 유묵을 전시해요. 그중 몇 개를 읽어 볼게요.

- 하루라도 책을 읽지 않으면 입 안에 가시가 돋친다.
- 이익을 보거든 정의를 생각하고, 위태로움을 보거든 목숨을 바쳐라.
- 장부가 비록 죽을지라도 마음은 쇠와 같고, 의사는 위태로움에 이를지라도 그 기풍은 구름 같도다.

여러분도 안중근 의사의 마음이 녹아 있는 글을 소리 내어 읽어 보길 바라요. 잘 살펴보았나요? 안중근의사기념관은 한국의 독립뿐 아니라 나아가 한국·중국·일본 세 나라의 평화를 바랐던 안중근 의사의 높은 꿈을 만날 수 있는 곳이에요.

자, 이제 밖으로 나가서 남산 정상까지 올라가 볼게요.

남산 정상에서 찾아봐야 할 두 가지

남산 정상에 오르는 길은 계단이 많고 줄곧 오르막이라 조금 힘들 거예요. 20분 정도 걸어야 하죠. 얼마나 올랐는지 궁금해도 끝까지 뒤돌아보지 말고 올라가 보세요. 그러면 동서남북 서울의 경치를 한눈에 내려다볼 수 있어요. 물론 쉬엄쉬엄 경치를 감상하며 올라가도 좋은 곳이 남산이에요.

남산 정상에 오르면 넓은 광장이 나타납니다. 남산타워(N서울타워)가 보이고 팔각정이 있어요. 전망 데크에 오르면 사람들이 채워둔 자물쇠로 가득한 난간도 보여요. 즐거워하는 사람들이 여기저기서 사진을 찍고 서울의 경치를 구경합니다. 그런데 우리는 역사 탐방 중이잖아요? 남산 정상에서는 두 가지를 꼭 찾아봐야 해요.

첫 번째는 국사당 터예요. 팔각정 아래에서 찾아보세요. 작은 표지석이 보일 거예요. "조선 태조 4년 12월 남산 산신을 목멱대왕으로 봉작, 목멱신사를 세워 국사당이라 불러 오다가 1925년 종로구 무악동으로 옮김"이라고 적혀 있어요.

남산의 본래 이름은 목멱산이었어요. 조선 초 목멱산에 만든 국사당은 나라를 위해 제사를 올리는 곳이었어요. 그런데 일제 강점기에 일본인들이 남산 중턱에 조선신궁을 만들면서 국사당을 인왕산으로 옮겨 버렸어요. 남산이 조선이 아닌 일본을 위해 제사 지내는 곳이 되어 버린 셈이죠. 해방 후에도 국사당은 남산으로 다시 옮기지 못했어요. 그래서 옛 국사당 터에 이와 같은 표지석만 남았죠. 안타깝다고요? 그럼 여러분이 이곳에서 우리나라를 위해 한번 기도해 보면 어떨까요?

두 번째로 찾을 것은 봉수대입니다. 금방 찾았죠? 봉수대는 국사

남산 봉수대

당 표지석 바로 옆에 있으니까요. 남산 봉수대는 전국의 봉수대가 소식을 전달해 오는 종점이었어요. 조선의 봉수제는 산을 따라 모두 다섯 개의 길로 이어져 있었어요. 제1길은 함경도, 제2길은 경상도, 제3길과 4길은 평안도, 제5길은 전라도까지 연결되었어요.

봉수대는 모두 5개로, 상황에 따라 연기를 다르게 피웠어요. 평소 아무 일이 없을 때는 한 개, 적이 보이면 두 개, 적이 가까이 오면 세 개, 적이 국경을 침범하면 네 개, 그리고 적과 전투가 벌어지면 다섯 개를 피웠어요. 안개가 끼거나 비 또는 바람이 있을 때는 포를 쏘아서 소리로 위급함을 알렸고요. 이렇게 중요한 역할을 한 봉수대인 만큼 마음속에 담아 두길 바라요.

서울의 모습을 한눈에 볼 수 있는 곳은 단연 남산이에요. 서울 한복판에 우뚝 솟은 만큼 유유히 흐르는 한강도, 북악산 아래 궁궐도, 인왕산과 낙산도 잘 보입니다. 불기운을 품은 관악산과 저 멀리 북한산, 아차산까지 보여요. 앞으로 우리가 가야 할 서울 곳곳의 위치를 잘 살펴보고 이번 탐방을 마무리할게요.

다음 탐방은 한양도성 마지막 구간인 북악산 주변이에요. 사방이 훤히 펼쳐진 남쪽 구간과 달리 북쪽 구간은 숲속에 있는 느낌을 줄 거예요. 그곳에서는 또 어떤 이야기가 펼쳐질지 기대해 보세요.

한양도성길

성균관~혜화문

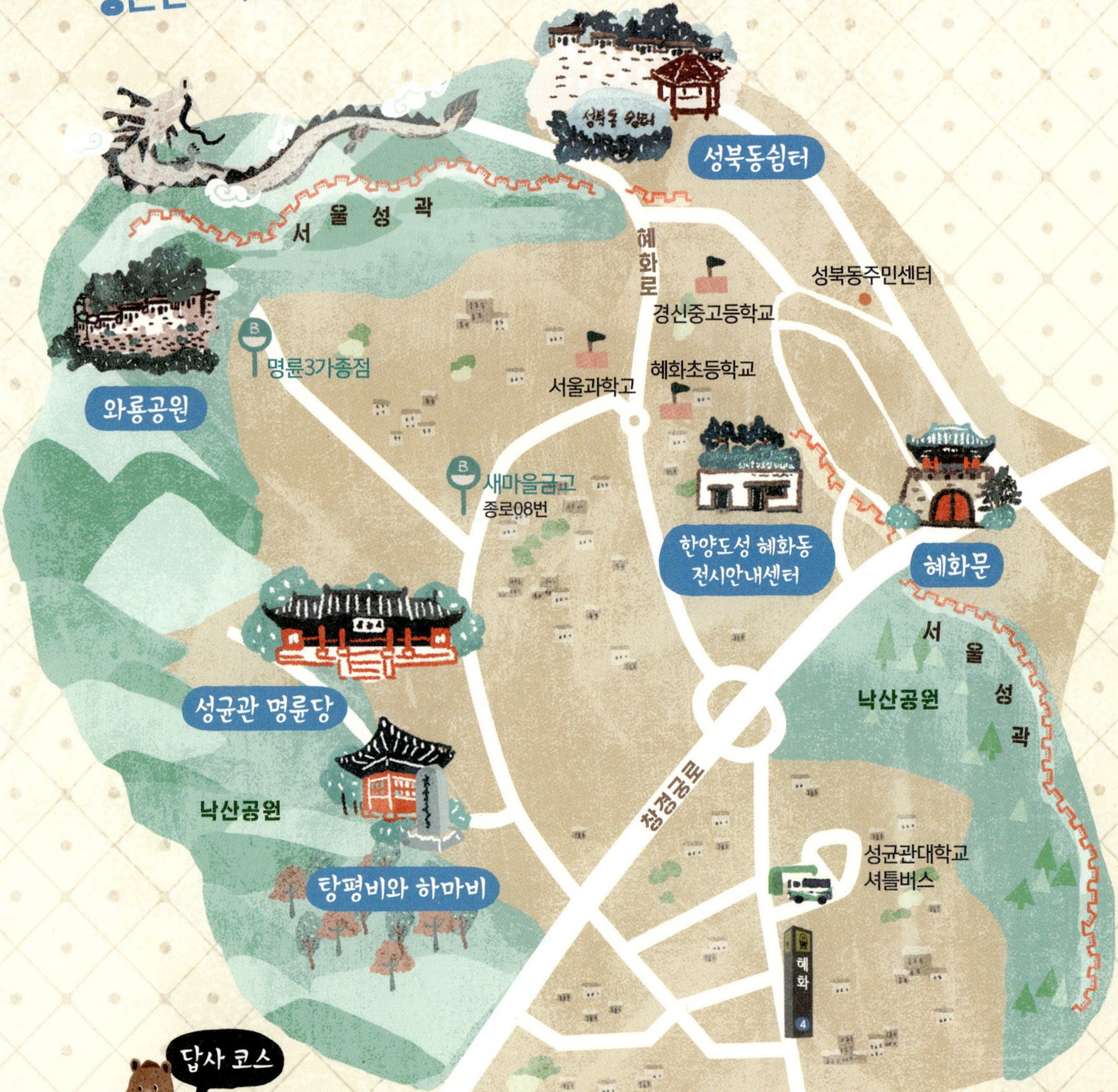

성북동쉼터
서울성곽
혜화로
성북동주민센터
경신중고등학교
와룡공원
명륜3가종점
서울과학고
혜화초등학교
새마을금고
종로08번
한양도성 혜화동 전시안내센터
혜화문
서울성곽
낙산공원
성균관 명륜당
창경궁로
낙산공원
성균관대학교 셔틀버스
탕평비와 하마비
혜화
4

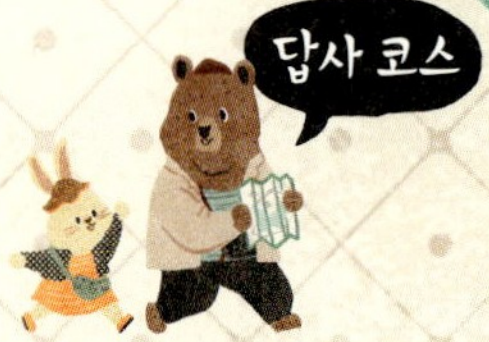

답사 코스

혜화역 ❶ 출구 성균관대학교 셔틀버스 → 탕평비와 하마비 → 성균관 명륜당 종로08번 → 와룡공원 → 성북동쉼터 → 한양도성 혜화동 전시안내센터 → 혜화문

8
한양도성길 북쪽 구간, 성균관에서 혜화문까지

"후유, 한양도성길 탐방은 정말 힘들어요. 오늘도 많이 걷죠?"

"오늘은 비교적 조금 걸으니 안심해. 그리고 북쪽 구간만의 색다른 매력이 있으니 기대해 보렴."

한양도성 북쪽 구간은 북악산을 타넘으며 가요. 한양도성길 중에서 가장 힘들고 어려운 구간이기도 하죠. 그렇지만 걱정 마세요. 코스 맨 꼭대기까지 마을버스를 타고 갔다가 내리막길을 내려올 거니까요.

와룡공원에서 혜화문까지 이어지는 북쪽 성벽길은 시대마다 다

른 성벽의 특징이 고스란히 묻어나는 곳이에요. 성벽 너머 성북동의 경치가 가장 잘 보이는 구간이기도 하고요. 성벽의 북쪽과 동쪽 구간을 이어 주면서 조선과 근현대의 이야기가 고스란히 남은 명륜동과 혜화동을 돌며 한양도성 마지막 탐방을 시작해 보아요.

조선 최고의 학교, 성균관

명륜동은 성균관이 중심이 되는 동네였어요. 유생들의 책 읽는 소리로 하루를 시작했죠.

성균관대학교 입구에 서서 왼쪽을 보면 '하마비'라는 비석이 서 있을 거예요. 비석에 쓰인 한자를 풀이하면 이런 뜻이에요.

"이곳을 지나는 높고 낮은 모든 관리는 모두 말에서 내려라."

탕평비와 하마비

성균관은 학생들이 공부하는 곳이기도 하지만, 유교의 성인인 공자를 모신 곳이기도 하니 말에서 내려 예의를 갖추라는 표시지요.

하마비 옆 비각 안에는 영조의 뜻이 담긴 '탕평비'도 있어요. 영조는 신하들이 붕당을 지어 싸움만 일삼는 것이 무척 못마땅했어요. 그래서 여러 붕당의 신하들을 고루 등용해 화합된 정치를 펼치고 싶었죠. 그 뜻을 담은 정책이 탕평책이에요. '탕평'은 어느 한쪽에 치우치지 않고 바른길을 가겠다는 뜻이 담긴 말이에요. 성균관 유생들은 곧 조정에서 나랏일을 할 인재가 될 터이니, 선배들의 나쁜 점을 경계하고 왕의 뜻을 미리 헤아리라는 뜻으로 성균관 입구에 탕평비를 세웠어요.

탕평비를 보았으면 성균관 안으로 들어가요. 하마비와 탕평비 건너편의 주차장 안쪽에 성균관으로 들어가는 문(동삼문)이 있어요. 문을 들어서면 아마 깜짝 놀랄 거예요. 아름드리 은행나무 두 그루가 기다리고 있거든요. 이처럼 거대한 은행나무가 도심 한복판 성균관에 있다니 보면서도 믿어지지 않아요.

은행나무는 조선 시대에 향교나 서원 등 학교를 만들면 반드시 심는 나무였어요. 옛날에 공자가 은행나무 아래에서 학생들을 가르쳤다는 이야기를 본받기 위해서예요. 하물며 공자를 모시는 이곳에 은행나무가 없다면 말이 안 되겠죠? 정성스럽게 가꾸어 온 지가 벌써 500년이 넘었답니다. 가을이면 성균관을 노란 빛깔로 물들이는 모습을 볼 수 있어요.

은행나무 양쪽의 기다란 건물이 기숙사이고, 가운데의 큰 건물

명륜당은 유생들이 공부하는 교실이에요. 명륜동이라는 동네 이름도 이 건물에서 유래했어요. 건물 가까이 가서 가운데에 걸린 크고 하얀 현판을 보세요. 한문으로 "1606년 뜨거운 여름 명나라 사신 주지번이 썼다."고 적혀 있어요. 아니, 우리나라 최고 교육 기관의 현판을 중국 사신이 쓰다니 어떻게 된 일일까요?

주지번은 학식뿐 아니라 인품도 매우 높았어요. 그동안 다녀간 중국 사신들이 엄청난 뇌물을 요구한 반면 주지번은 뇌물 받는 것을 부끄럽게 여겼죠. 그는 조선 선비들을 만나 학문을 논하고 진심으로 사귀었어요. 참된 선비의 자세를 갖춘 주지번은 성균관에서도 환영받았어요. 그래서 성균관 유생들이 주지번에게 성균관 방문을 기념하는 현판을 꼭 써 달라고 부탁했죠. 다른 사람들도 쓴 여러 기념 현판 중에서 주지번이 쓴 현판이 가운데에 걸려 있다는 것은 성균관 유생들도 그와 같은 자세로 살기를 바랐기 때문이 아닐까요?

명륜당 마당 앞쪽에는 또 하나의 건물이 있어요. 공자와 그 제자들, 그리고 송나라와 조선의 큰 유학자들을 모신 대성전이에요. 오늘날의 학교에서는 선생님과 학생이 가장 중요하지만, 조선 시대의 학교에는 중요한 것이 하나 더 있었어요. 그것은 학문의 길에서 본받고자 하는 큰 스승들에게 제사를 올리는 일이었어요. 중국의 공자, 맹자, 주자, 또는 조선의 이황과 이이 같은 분이죠. 특히 지방의 서원은 그 지역 출신의 큰 학자를 모시는 경우가 많았어요. 그래서 학생들은 공부는 물론 제사도 소홀히 하지 않았어요. 마치 살아 있는 스승을 대하듯 정성스러운 마음으로 유학의 성인과 대학자들을 기렸답니다.

명륜당과 대성전 말고도 성균관 관원들이 업무를 보던 정록청, 도서관인 존경각, 운동 기구를 보관하는 육일각, 제사 지내는 도구를 보관하는 제기고, 식당인 진사식당 등이 있어요. 지금은 빈 건물

뿐이지만, 이런 시설이 있어서 성균관은 잘 운영될 수 있었어요.

도성의 북쪽 구간, 와룡공원에서 혜화문까지

성균관 다음은 도성의 북쪽 성벽을 탐방할 차례입니다. 성균관대학교 밖으로 나와 마을버스를 타고 종점에서 내린 뒤 와룡공원까지 걸어서 갈 거예요. 와룡공원에서 출발해 혜화문까지 가는 내리막길은 30분쯤 걸리는 성벽길이에요. 처음에는 성벽 안쪽을 따라 걷기 때문에 성벽이 얼마나 가파르고 높은 곳에 있는지 알기 어려울 거예요. 성벽 너머도 한번 바라보세요. 저 멀리 보이는 북한산의 모습이 꽤 멋집니다.

10분 정도 성벽을 따라 내려오면 성벽길이 잠시 끊기는 구간이 나와요. 큰 도로(혜화로)가 생기면서 성벽이 끊긴 거랍니다. 혜화로와 성벽 사이에는 잠시 쉬어 가며 성벽의 바깥 면을 볼 수 있게끔 작은 쉼터를 만들어 두었어요. 성북동쉼터라고 해요. 정자와 운동기구도 있어요.

그럼 쉼터로 가 볼까요? 우아, 바깥에서 본 성벽이 생각보다 높아요. 5미터는 되는 듯해요. 그런데 이어진 성벽을 가만히 살펴보면 똑같지가 않아요. 어떤 곳의 돌은 정사각형인데, 어떤 곳의 돌은 넓은 직사각형이에요. 게다가 크기도 조금씩 달라요. 처음 성벽을 쌓은 뒤로 시대마다 여러 차례에 걸쳐 다시 쌓았다는 것을 알 수 있어요.

자, 이제 성벽을 따라 혜화문 쪽으로 가 볼게요.

성북동쉼터와 성벽

숭례문 근처처럼 이곳에도 학교와 주택 등이 들어서면서 성벽이 대부분 사라졌어요. 그렇지만 담벼락 아래나 화단 같은 곳에 성벽의 흔적이 남아 있으니 잘 관찰하면서 가 보도록 해요.

성북동쉼터 건너편부터 혜화문까지 이어지는 길(창경궁로35다길)은 성벽의 흔적을 찾아보기 가장 좋은 구간이에요. 사라졌다 싶으면 주택 담벼락 밑에서 나타나고, 나타났다 싶으면 다시 사라지기를 거듭하지요. 그러다가 혜화문에 이르기 직전, 한양도성 혜화동 전시안내센터 근처에 오면 촘촘하고 위태로운 성벽이 거짓말처럼 다시 나타납니다. 성벽의 작은 돌들이 우르르 떨어질 것만 같아요. 물론 몇백 년을 잘 버텨 왔지만 주택이 들어서는 등 주변 환경이 크게 변해 위험하기도 해요. 그래서 보존을 위해 정비하고 관찰하는

중이에요.

2016년에 개관한 한양도성 혜화동 전시안내센터는 도성 탐방에서 놓치면 안 될 멋진 공간입니다. 이곳은 1959년부터 약 20년 동안 대법원장 공관(정부 관리가 공적으로 쓰는 주택)으로 쓰다가 1981년부터 2013년까지는 서울시장 공관으로 썼어요. 그런 만큼 이 전시관에서는 한양도성과 혜화문에 관한 설명뿐만 아니라 서울시장 공관 시절의 이야기도 만날 수 있어요. 아픈 다리를 쉬어 가는 쉼터도 참 잘 꾸며져서 많은 사람들이 찾는 명소가 됐어요. 이처럼 아름다운 곳이 다시 시민들의 공간이 된 것은 아주 반가운 일이죠.

한양도성 혜화동 전시안내센터

혜화문은 전시안내센터 건너편에 있어요. 올라가는 입구가 좁아 자칫 지나칠 수 있으니 잘 살펴보세요. 혜화문은 도성 사대문 중에서 북쪽 대문(숙정문)과 동쪽 대문(흥인지문) 사이에 자리 잡은 문이었어요. 경기 동북부 지역에서 한양으로 들어가는 중요한 길목이었죠. 그런데 일제 강점기에 전찻길이 놓이면서 완전히 사라졌습니다. 지금 보는 혜화문은 1992년에 복원한 것이에요. 혜화문의 본래 자리는 자동차가 많이 다니는 큰 도로이기 때문에 조금 옮겨서 지금 위치에 복원했답니다.

 "그럼 본래 위치에 복원하고 도로를 다른 곳에 만들면 안 되나요?"

 "문화유산을 복원할 때 이런 점이 가장 안타까워. 주변 구석구석까지 집이 들어섰기 때문에 새로 도로를 내기가 어렵지. 나중에 너희가 슬기로운 답을 찾아내 주면 좋겠구나."

혜화문을 끝으로 한양도성의 마지막 탐방까지 모두 마쳤습니다. 집으로 가면서 성벽 주변에서 만난 이야기를 다시 정리해 보길 바랍니다. 다음부터는 도성 안, 서울의 중심 지역에 가 볼 거예요. 그 첫 번째 탐방지인 광화문에서 다시 만나요. 안녕.

혜화문

광화문

답사 코스

광화문역 ❾ 출구 ➜ 세종대왕 동상 ➜ 세종·충무공이야기 전시관 ➜ 한글가온길

- 경복궁 광화문
- 세종로공원
- 외교부
- 정부서울청사 별관
- 세종문화회관
- 세종대왕 동상
- 대한민국역사박물관
- 주한미국대사관
- 주시경 집터
- 한글가온길
- 주시경마당
- 세종·충무공 이야기 전시관
- 광화문
- 한글회관
- 새문안교회
- 이순신장군 동상
- 한글가온길 조형물
- 교보문고

9
한글을 창제한 세종대왕, 한글을 지킨 주시경

 "나랏말쓰미 듕귁에 달아 문쫑와로 서로 스맛디 아니홀세…"

 "『훈민정음』 서문을 알고 있다니 대단한데?"

 "세종대왕이 한글을 만든 뜻이 담겨 있어서 좋아요. 오늘 광화문 한글 탐방은 정말 기대돼요."

    광화문은 본래 경복궁의 정문 이름이에요. 그러나 지금은 경복궁 앞부터 이순신 장군 동상까지를 포함해 세종로의 넓은 공간을 흔히 광화문이라고 해요. 이곳에 세종대왕 동상이 들어서면서 광화문은 세종과 한글 이야기가 가득한 곳이 되었어요.

사실 우리나라 사람들 중에 세종대왕과 한글을 모르는 사람은 없을 거예요. 하지만 너무 익숙한 나머지 한글의 소중함을 잊은 채 지내고 있어요. 오늘 역사 탐방은 한글을 만든 세종대왕의 고민과 그 뜻을 이은 사람들의 이야기를 만나는 시간이 될 거예요.

광화문 지하에 숨어 있는 세종·충무공이야기 전시관

2009년 10월 6일 새벽, 광화문광장에는 환하게 불이 켜져 있었어요. 경기도 이천에 있는 제작소에서 새벽 1시에 특수 차량을 타고 출발한 세종대왕 동상을 맞이하기 위해서였어요. 높이 6.2미터에 무게 20톤이 넘는 웅장한 세종대왕 동상은 새벽 5시가 되어 광화문에 도착했어요. 동상이 다치지 않게끔 거북처럼 천천히 조심해서 오느라 시간이 꽤 많이 걸렸죠.

어좌에 앉아 인자한 웃음을 띠고 있는 세종대왕. 펼쳐진 오른손은 백성과의 소통을 뜻해요. 왼손에 든 『훈민정음』은 세종대왕 최고의 업적인 한글 창제를 나타내고요. 동상 앞쪽 바닥에는 한글 창제의 뜻이 담긴 『훈민정음』 서문을 따로 새겨 두었어요. 한번 읽어 보며 그 뜻을 새기면 좋겠어요.

 "어? 그런데 세종·충무공이야기 전시관은 어디 있어요?"

 "하하, 바로 네 발밑에 있어. 광화문에는 세종대왕뿐 아니라 예전부터 이순신 장군의 동상도 있었잖니. 그래서 두 분의 이야기를 들려주는 전시관이 광화문 지하에 생겼어. 오늘은 세종대왕을 먼저 만나 볼까?"

세종·충무공이야기 전시관에는 우리가 몰랐던 세종대왕의 이야기가 가득해요. 세종대왕은 고기를 정말 좋아했대요. 특기가 음악이라는 것도 재밌어요. 악기의 아주 미세한 음의 차이까지 잡아낼 정도로 뛰어난 절대 음감의 소유자였다고 해요. 임금으로서 백성을 사랑하는 마음을 엿볼 수도 있어요. 노비가 아이를 낳으면 휴가를 주고, 가난해서 결혼하지 못한 사람은 결혼할 수 있게 도와주었어요. 나라의 정책을 결정할 때도 마음대로 하지 않고 백성들의 의견을 물어보았어요. 이 전시관에는 한글 창제와 과학·예술·국방 등 여러 분야에 걸쳐 세종대왕이 신하들과 함께 이룩한 업적이 자세히 소개되어 있어요.

한글을 지켜 온 사람들의 이야기가 있는 한글가온길

자, 이제 지상으로 올라가 한글 이야기를 찾아볼 거예요. 세종로와 나란히 뻗은 '한글가온길' 곳곳에는 한글 이야기가 숨어 있어요. 한글가온길은 한글 창제 570주년(2013년)을 기념해 서울시에서 만들었어요. '가온'은 가운데를 뜻하는 말로, 이 지역에 한글의 역사와 의미를 알 수 있는 장소가 많아서 붙인 이름이죠.

세종대왕 동상

주시경 집터

  한글을 만든 분이 세종대왕이라면 주시경 선생은 한글을 지키고 체계를 잡은 분이에요. 1876년 황해도에서 태어난 주시경 선생은 나라와 민족을 지키려면 우리글을 지키고 가꾸는 일이 무엇보다 중요하다고 생각했어요. 그래서 훈민정음의 이름을 '한글'이라 바꾸고 처음으로 띄어쓰기를 시작했죠. 또한 쓰고 읽는 것이 더욱 편리해지려면 체계화한 한글이 꼭 필요하다며 제자들과 함께 '한글 맞춤법 통일안'을 만들었어요. 지금은 당연해 보이는 일들을 바로 주시경 선생과 그 제자들이 이루었답니다.

  광화문은 주시경 선생이 살던 곳이기도 해요. 한글가온길에 있는 용비어천가라는 높은 건물이 그 집터예요. 건물 앞에 가면 기념 조형물을 만날 수 있어요. 용비어천가 건물에서 남쪽으로 150미터쯤 걸어가면 주시경 선생을 기념하는 주시경마당이 있어요. 여기에는 주시경 선생과 함께 한글 보급에 힘을 쏟은 헐버트 박사의 기념상

주시경마당

이 있어요. 헐버트 박사는 최초의 순한글 신문인 『독립신문』 창간에 관여하고, 우리나라 최초의 한글 교과서인 『사민필지』(세계 지리)를 만든 분이에요.

 "저기 붉은색 벽돌 건물 앞에 주시경 선생의 동상이 있어요."

 "잘 찾았구나. 저기가 바로 한글학회가 있는 한글회관이야. 한글학회는 우리말과 우리글을 연구하기 위해 주시경 선생이 만든 곳이지."

한글회관 건물은 초대 법무부 장관이었던 이인 선생이 기증한 재산과 여러 사람들의 성금으로 1977년에 마련했어요. 스승이 살던

집터 근처에 제자들이 둥지를 튼 것이죠. 한글학회는 우리말 바로쓰기, 한글 사전 만들기, 한글 외국에 알리기 등 지금도 활발하게 활동하고 있어요.

오늘은 광화문과 한글가온길을 다니며 한글에 관해 많은 것을 알아봤어요. 어느 역사탐방 때보다도 많이 걸은 듯해요. 그렇지만 한글과 더 가까워졌다고 생각하니 힘들어도 보람찬 하루였어요.

한글회관의 주시경 선생 흉상

다음번에는 창덕궁에서 종묘까지 왕의 길을 따라가 볼 거예요. 오늘처럼 많이 걸을 테니까 준비 단단히 하고 만나요. 안녕.

돈화문로

답사 코스

종로3가역 ❾ 출구 → 종로12번 → 창덕궁 → 익선동 한옥마을 → 종묘

10
창덕궁에서 종묘까지 왕의 길을 걷다

"왕이 오갔던 길을 제가 걷는다니 정말 신기해요."

"걸어서 20분이면 충분한 길이지만, 이 길에는 왕과 백성의 삶이 고스란히 담겨 있단다. 왕이 거처한 웅장한 궁궐과 죽어서 가는 장엄한 종묘, 그리고 백성이 살아온 아담한 마을을 모두 볼 수 있지."

창덕궁 정문인 돈화문에서 종묘까지 900미터 남짓 뻗은 돈화문로는 일명 '왕의 길'이라고 해요. 창덕궁에서 종묘나 왕릉을 참배하러 나서면 반드시 이 길을 이용했기 때문에 실제로 왕이 가장 많이 다닌 길이에요. 창덕궁에서 경복궁으로 갈 때도 이 길을 통해 종로

까지 나갔다가 광화문으로 돌아서 갔어요. 지금은 두 궁궐의 정문을 곧장 오갈 수 있지만, 이 도로(율곡로)는 일제 강점기에 새로 만든 것이랍니다.

지난번에 다녀온 광화문 앞과 견주면 왠지 초라해 보이기까지 하는 돈화문로가 조선 시대의 아주 중요한 길 중 하나라는 사실이 놀랍다고요? 1926년에 조선의 마지막 왕 순종이 승하하고 돈화문로를 가로지르는 율곡로가 생기자 사람들의 발길은 율곡로로 옮겨졌어요. 왕의 행차도 더는 없었죠. 그 후로 돈화문로 주변은 서울 중심지인 종로에서도 오랫동안 소외된 장소가 되었어요. 이웃한 인사동이나 동대문보다 사람의 통행이 뜸했죠. 그 덕분에 개발이 늦어 옛 모습이 가장 많이 남은 곳이 되었어요.

오늘 탐방할 왕의 길 돈화문로에서는 세계문화유산 창덕궁과 종묘, 그리고 옛 모습이 여전한 익선동 한옥마을을 만날 거예요. 그럼 출발해 볼까요?

창덕궁에서 반드시 봐야 할 5가지

조선의 3대 임금 태종은 1400년에 '왕자의 난'을 일으켜 개국 공신 정도전과 이복동생 방번, 방간을 죽이고 왕위에 올랐어요. 그런데 태종은 조선이 세워진 뒤 처음 지은 궁궐인 경복궁에서 지내는 것이 썩 내키지 않았어요. 경복궁은 태종의 정적이었던 정도전이 설계한 곳인 데다 동생들을 죽인 장소여서 그랬을까요? 아무튼 태종은 경복궁의 터가 좋지 않다는 신하들의 말을 받아들여 1405년에

경복궁 동쪽에다 새 궁궐을 지었어요.

창덕궁은 경복궁처럼 정식 궁궐의 법도대로 짓지는 않았지만, 자연에 둘러싸여서 살기에는 더없이 좋은 곳이었어요. 태종 이후 대부분의 조선 왕들은 창덕궁에서 생활했어요. 그래서 창덕궁은 왕의 이야기가 가장 많은 궁궐이 되었죠.

자, 그럼 창덕궁 안으로 들어가 봐요. 이번 탐방에서 놓치지 말아야 할 다섯 가지를 특별히 알려 줄게요. 주의 깊게 살피지 않으면 놓치기 쉬우니 잘 따라오길 바라요.

"들어가기 전에 먼저 봐야 할 게 있어. 돈화문 앞 기단 끝에 계단이 보이지? 거기 계단에서 돈화문을 바라보고 서 보렴."

"우아, 북한산 봉우리가 문 안에 쏙 들어온 것처럼 보여요! 돈화문이 마치 액자 같아요."

계단을 오를 때 보이는 봉우리는 북한산 보현봉이랍니다. 왕이 가마를 타고 궁으로 들어갈 때 멀리서 보면 보현봉이 돈화문 뒤로 떡하니 버티고 선 것 같지만, 궁궐 앞에 다다르면 봉우리가 돈화문 안으로 쏙 들어온 것처럼 보인답니다. 어때요? 찾았다면 이곳에서 기념사진을 찍어 보세요. 이게 놓치지 말아야 할 첫 번째예요.

일제 강점기에 일본은 광화문부터 창덕궁 앞을 지나는 율곡로를 만들어, 하나로 합쳐져 있던 궁궐과 종묘를 갈라놓으려고 했어요. 순종은 끝까지 반대했지만, 일본은 순종이 승하한 1926년에 도로를 만들어 버렸죠. 그 탓에 창덕궁 앞은 늘 자동차 소리로 시끄러운 곳이 되었어요.

돈화문로에서 곧장 창덕궁으로 들어가는 길이 막히는 바람에 종묘부터 이어진 왕의 길이 끊겨 버렸지요. 사람들은 돈화문로를 따라 창덕궁과 북한산의 어울림을 느끼며 걷기보다는 율곡로를 따라 차를 타고 와서 창덕궁으로 곧장 들어가기 일쑤예요. 여러분은 조선 시대 왕처럼 꼭 창덕궁 뒤편의 북한산 보현봉을 보면서 들어가기를 바랍니다.

창덕궁에서 두 번째로 놓치지 말아야 할 곳은 궐내각사예요. 창덕궁을 찾는 사람들은 보통 돈화문으로 들어가서 오른쪽의 금천교를 따라 바로 인정전으로 들어간답니다. 하지만 여러분은 금천교를 건너지 말고 조금 더 위로 올라가 보세요. 그러면 건물 안으로 들어가는 문이 보이는데, 이 문을 통과하면 궐내각사가 나와요.

궐내각사는 '궁궐 안에 만든 여러 관청'을 말해요. 물론 궁궐 밖에 만든 '궐외각사'가 훨씬 많죠. 예컨대 의정부나 한성부, 각급 행정기관인 이조·호조·예조처럼 말이죠. 그렇지만 어명을 전달하는 승정원, 임금의 어진(초상화)을 보관하고 관리하는 선원전, 의료를 담당하는 내의원, 왕실 도서를 관리하고 임금의 자문에 응하는 홍문관·예문관 같은 몇몇 관청은 궁궐 안에 두기도 했어요. 궐내각사는

규장각으로 이용되었던 창덕궁 주합루

선정전

여러 관청 건물이 오밀조밀 모여 있어 창덕궁 안에서 가장 복잡한 곳이에요.

특히 창덕궁 궐내각사에는 정조가 만든 왕실 도서관 규장각이 있었어요. 정조의 뜻에 따라 자료를 모으고 정리하며 학문을 연구하는 곳이었죠. 사회적으로 차별받았던 서얼(양반 첩의 자식) 출신의 인재들을 등용해 그들의 능력을 나라에 보탬이 될 수 있게끔 만든 곳이기도 해요. 상업의 중요성을 주장한 박제가, 발해의 역사를 연구한 유득공, 무예를 정리한 이덕무 같은 실학자들이 이곳에서 일했어요. 학문과 문화를 바탕으로 정치를 하고자 한 정조의 꿈이 담긴 곳이에요.

꼭 봐야 할 세 번째는 인정전입니다. 창덕궁의 중심 건물이지요.

나라의 큰 행사를 치르거나 신하들의 전체 조회를 하던 곳이에요. 인정전은 대한제국의 마지막 황제 순종이 머무른 곳이다 보니 다른 궁궐에서는 보기 힘든 것들이 있어요. 바로 대한제국을 상징하는 오얏꽃 문장과 황제를 상징하는 황색이에요. 어때요? 쉽게 찾을 수 있죠? 지붕 위 용마루의 꽃 문장과 인정전의 문 색깔이 한눈에 보일 거예요.

 인정전에 가까이 다가가면 건물 내부에 설치된 멋진 전등을 볼 수 있어요. 그 무렵 궁궐에는 벌써 전기가 들어왔기 때문에 인정전 안에 전등이 달려 있는 거지요.

인정전 내부 전등

인정전

네 번째는 놓치기 쉬운데, 인정전과 선정전을 연결하는 통로 천랑이에요. 천랑은 비가 와도 건물 사이를 다닐 수 있게 만든 복도예요. 궁궐이 훼손되면서 거의 다 사라졌는데 창덕궁에서 반갑게 만날 수 있어요. 이 복도로 왕이 거닐어 다녔죠.

마지막으로, 서양과 교류한 흔적을 찾아볼 거예요. 인정전을 지나 더 들어가면 희정당에 이릅니다. 황제가 평소에 사무실로 쓰거나 외국 사신들을 접대하던 장소였지요. 그래서 창덕궁 희정당에는 황제의 어차를 세울 수 있는 서양식 현관이 설치되었는데, 지금도 그 모습을 볼 수 있어요. 희정당 뒤편 황후의 침전에는 마지막 황후인 순정효황후가 쓰던 침대가 복원되어 있어요.

희정당

왕의 길에서 만나는 백성의 삶터, 익선동 한옥마을

창덕궁을 다 둘러봤으니 밖으로 나와 왕의 길을 다시 걸어 보아요. 돈화문로는 차도 사람도 많지 않아 느긋한 마음으로 걷기 좋아요. 남쪽을 향해 걸어가다가 오른쪽으로 고개를 돌리면 골목길 안쪽에 오래된 한옥이 힐끗힐끗 보일 거예요. 돈화문로 골목 안 익선동에는 100여 년 된 한옥이 100여 채 남아 있어요. 지금도 사람들이 살고 있는 이곳은 일제 강점기인 1920년대부터 조선인 거주지로 조성됐어요. 조선인 건축왕으로 불린 정세권은 일본인들이 우리 역사와 문화의 상징인 궁궐 코밑에다 일본식 시가지를 만들려고 하자, 이 일대 땅에 작은 한옥을 지어 조선인들이 모여 살게 했지요.

이런 역사가 있는 익선동 한옥마을도 세월이 흐르면서 살기 불편한 곳으로 변했어요. 골목은 좁고, 주차할 장소는 없고, 집은 오랜 세월 동안 많이 망가져서 지저분해졌어요. 서울의 중심에 있지만 빈집이 점점 늘고, 젊은이들은 떠나 할머니 할아버지들만 남았죠. 그러던 익선동이 최근 빠르게 변하고 있어요. 젊은 예술가와 바리스타(즉석에서 커피를 만들어 주는 커피 전문가)들이 집값이 싼 이곳으로 모이면서 공방과 카페 등이 생기기 시작했거든요.

익선동 골목 안으로 들어가 볼까요? 어때요, 작은 한옥이 다닥다닥 붙어 있죠? 그런데 곳곳에 카페와 찻집, 밥집과 선물 가게들이 빼곡 들어선 것을 알 수 있어요. 전혀 어울리지 않을 것 같은 두 가지 분위기가 묘하게 함께하는 익선동 한옥마을은 독특한 매력으로 떠오르는 명소가 됐어요. 겨우 한두 해 만에 생긴 변화예요.

마을에 다시 활기가 도니 좋을 것 같지만 둥지 내몰림(젠트리피케이션) 현상이 생기면서 마을 주민들의 근심이 커졌답니다. 지금은 마을의 활기를 지키면서도 원주민들이 떠나지 않고 함께 살아갈 방법을 다 같이 고민하는 중이라고 하니, 좋은 결과가 나오기를 기대해 봐요.

　자, 이제 다시 돈화문로로 나가 볼까요? 길이 헷갈릴 때는 무조건 동쪽 방향으로 가면 됩니다.

종묘 정전

조선 왕의 영혼을 모신 종묘

오늘 마지막으로 갈 곳은 왕과 왕비의 영혼을 모신 종묘예요. 왕의 길을 걷는 우리는 지하철 종로3가역에서 종묘 담장을 찾아 따라가면 종묘 입구인 외대문으로 곧장 갈 수 있어요.

종묘는 안으로 들어서면 큰 숲에 둘러싸인 듯한 기분이 들어요. 주위를 살펴보세요. 나무들이 우거지고 아늑하게 둘러싸고 있어서 더 그런 기분이 들 거예요.

입구로 들어가면 돌로 길을 깔아 두었어요. 가운데 길은 영혼이 다니는 길이고, 그 옆의 길이 임금의 길이에요. 임금은 자기 길을

따라 재궁으로 향합니다. 재궁은 세자와 함께 머무르며 제사를 준비하던 곳이에요.

아, 여러분은 재궁으로 가기 전에 먼저 망묘루에 들러 종묘 제례 영상을 보고 가면 좋겠어요. 요즘은 매년 5월에 종묘 대제를 지내는데, 그때의 영상을 볼 수 있어요.

조선 시대에 왕은 계절마다 종묘를 찾아 조상에게 제를 올렸어요. 임금이 돌아가시면 정전에 신주(돌아가신 분의 이름을 적은 위패)를 모셨지요. 정전에는 태조 이성계를 비롯해 모두 19명의 조선 왕과 왕비를 모셔 놓았어요.

"정전은 정말 웅장하고 길어요. 길이가 얼마쯤 될까요?"

"정전은 세계에서 가장 긴 목조 건물로, 길이가 100미터가 넘어. 왕실의 존엄과 품위를 나타내기 위해 화려한 단청 대신 녹색과 붉은색 두 가지만 써서 절제된 아름다움을 표현했지."

정전을 나서면 정전과 비슷하지만 크기가 조금 작은 건물이 나와요. 영녕전이에요. 영녕전에는 정종·단종·인종 등 왕의 역할을 다하기 전에 일찍 돌아가신 분들과 태조의 4대 조상, 덕종·원종 등 추존왕(자신은 왕이 아니지만 아들이 왕이 된 경우)을 주로 모시고 있어요.

영녕전을 보면 종묘 탐방은 모두 끝나는 셈이에요. 단순하면서

웅장하고, 고요하면서 품위 있는 종묘. 왕의 길 마지막에 만난 종묘는 어땠나요? 왕실의 위엄과 역사를 느꼈으면 오늘 답사도 성공입니다.

다음 탐방은 서울의 북쪽으로 갈 거예요. 문학과 예술의 향이 가득한 부암동길을 걸어 볼 계획이에요.

11
문학과 예술의 향기가 가득한 도심 속 골짜기

「몽유도원도」 속 마을로

"어제 내가 신기한 꿈을 꾸었다오. 친구들과 함께 어느 산 아래에 이르러 헤매었는데 한 노인이 길을 알려 주었소. 노인의 말대로 우뚝 솟은 봉우리와 깊은 골짜기 너머로 들어가자, 복숭아나무 수십 그루가 있는 마을이 나왔소. 그곳 풍경과 사람들의 모습을 보아하니 거긴 분명 도원이었소. 꿈이었지만 깨고 나서도 너무 생생하오. 안견, 내 꿈을 그림으로 그려 줄 수 있겠소? 그림으로 그려 두고 오래도록 꿈을 떠올리고 싶구려."

우리 옛 그림 중 최고의 명작이라 불리는 안견의 「몽유도원도」는 이렇게 태어났어요. 당시 화원(궁궐의 화가)이었던 안견에게 자신의 꿈을 그려 달라고 한 사람은 세종대왕의 셋째 아들 안평대군이에

요. 안평대군은 훗날 단종을 폐위하고 왕이 된 자신의 형 수양대군에 의해 젊은 나이에 죽음을 맞은 인물이지요.

어느 날 안평대군은 꿈속 풍경과 아주 비슷한 마을을 발견하고 그곳에 별장을 짓기로 합니다. 마치 꿈속의 무릉도원처럼 높은 봉우리들과 깊은 골짜기가 있고 자줏빛 구름이 지나는 마을, 바로 오늘 우리가 걸을 부암동길이에요. 특히 이번 산책은 비가 그친 오후쯤이면 더욱 좋을 듯해요. 운 좋게 자줏빛 구름을 볼지 모르니까요.

거대한 우물에서 시를 길어 올리다

제일 먼저 들를 곳은 윤동주문학관이에요. 지하철 3호선 경복궁역에서 버스를 타고 오래된 옛길(창의문로)을 오르면 도착하지요. 지

윤동주문학관

윤동주문학관 전시실

금은 터널 (자하문터널)이 뚫려 있어 터널 위 마을을 무심히 지나치기 일쑤지만, 인왕산과 북악산 사이 골짜기는 예부터 신선들의 경치가 펼쳐지는 곳이라 해서 한양 사람들이 즐겨 찾는 명승지였어요. 청풍계, 백운동이라 이름 붙은 이 골짜기들은 겸재 정선의 그림들에서도 찾을 수 있답니다. 아랫동네인 청운동은 이 두 골짜기 이름에서 한 글자씩을 딴 이름이에요.

　버스는 윤동주문학관 바로 건너편에 서요. 규모는 그리 크지 않지만 생김새가 특이하죠? 안으로 들어서면 더욱 새로운 광경을 보게 될 거예요. 여기는 본래 근처 아파트에 물을 공급하는 가압장(높은 곳으로 물을 끌어 올리는 시설)이었어요. 이곳을 설계한 건축가는 공사 도중 지하에 깊이 5미터짜리 물탱크가 묻혀 있다는 사실을 알고 고민에 빠졌죠.

"문학관을 지을 자리에 쓸모없는 물탱크가 묻혀 있다니……. 그것도 두 개나."

거대한 물탱크 두 개를 살려 두기에는 여러 가지 어려움이 있었어요. 그것들은 쓸데없이 컸고, 오랜 기간 물을 담고 있었던 탓에 너무 습했어요. 그러나 건축가는 멋진 해결책을 찾았어요.

"그래, 우물!"

건축가는 관람객들이 두 개의 물탱크를 우물처럼 느끼기를 바랐어요. 왜 하필 우물이냐고요? 답은 윤동주의 시에 있답니다.

산모퉁이를 돌아 논가 외딴 우물을 홀로 찾아가선
가만히 들여다봅니다.

우물 속에는 달이 밝고 구름이 흐르고 하늘이
펼치고 파아란 바람이 불고 가을이 있습니다.

그리고 한 사나이가 있습니다.
어쩐지 그 사나이가 미워져 돌아갑니다.

-「자화상」 중에서

자, 이제 육중한 철문을 힘껏 밀고 제2전시실로 들어가 위를 올려다보세요. 실내인 줄 알았는데 이 전시실에는 천장이 없어요. 대

신 여기에 「자화상」 속 장면이 펼쳐져요. 여러분은 지금 윤동주 시인이 내려다보던 우물 바닥에 서서 반대로 위를 올려다보는 셈이에요. 보세요! 구름이 흐르는 하늘이 있고, 밤이라면 달을 볼 수도 있을 것이며, 상상 속에서는 이 아래를 내려다보는 시인을 볼 수도 있을 거예요. 눈에 보이지 않는 바람은 우물 안으로 가지를 드리운 팥배나무의 흔들림으로 알 수 있지요.

바로 이걸 보여 주려고 건축가는 물탱크의 천장을 뜯어내기로 한 거예요. 그래서 이 문학관을 물 대신 시를 길어 올리는 '영혼의 가압장'이라 부른답니다. 그야말로 문학적인 건축이라 할 수 있어요. 시인의 작품을 이해하려는 건축가의 노력이 있었기에 가능한 설계였죠. 사람의 마음을 이해하는 일은 이처럼 어떤 분야에서든 새로움을 만들어 내지요.

윤동주 시인의 언덕

윤동주는 일제 강점기의 저항 시인으로 알려져 있어요. 그러나 실제로 그의 시는 어딜 봐도 '저항적'이지 않습니다. 오히려 적극적으로 저항하지 못하는 자신에게 절망하고 반성하는 내용이 많지요. 사람들은 시인의 그런 모습에 더욱 감동하는 것 같아요. 윤동주는 일본 유학 중 독립운동에 가담한 혐의로 체포되어 후쿠오카 형무소에서 28세의 젊은 나이로 세상을 떠납니다. 윤동주의 비극적인 삶과 그가 남긴 아름다운 작품들은 가슴속 큰 울림으로 남아, 우리나라뿐 아니라 일본에도 그를 사랑하는 사람들이 많다고 해요.

문학관을 다 보았으면 밖으로 나와 왼쪽 계단을 끝까지 올라 보세요. 생각보다 가파른 이 길은 숨이 턱까지 차오를 때쯤 우리를 '윤동주 시인의 언덕'에 데려다 놓습니다. 윤동주가 아랫동네 서촌 하숙집에 머무를 무렵 여기까지 산책 왔을 거라 상상하고 만든 곳이에요. "하늘을 우러러 한 점 부끄럼 없기를"로 시작하는 윤동주의 「서시」가 언덕 끝 시비에 새겨져 있지요. 또 여기는 한양도성 안팎의 경치를 두루 볼 수 있는 훌륭한 자연 전망대이기도 해요. 집과 가까운 거리에 이렇게 멋진 장소가 있는데, 저녁 산책을 좋아했다던 윤동주가 와 보지 않았을 리 없겠지요?

자줏빛 구름이 머무는 동네

이제 언덕에서 문학관 입구 쪽으로 다시 내려와야 해요. 앞길을 건너면 아까 버스에서 내린 곳 뒤쪽으로 청계천 발원지 표지석이 보여요. 물소리도 들리지 않는데 이곳에서 시작한 물길이 청계천까지

흐르다니 신기할 거예요. 지금은 모두 도로로 뒤덮여서 하수도가 돼 버렸지만요. 안타깝게도 모두 사람보다 자동차를 중심에 둔 얄팍한 생각이 만든 결과물이에요.

자, 지금부터는 곳곳에 숨겨진 보물을 찾는 산책이 될 거예요. 먼저 창의문을 찾아보세요. 시인의 언덕에서 보았던 성벽이 끝나는 지점, 높다란 찻길 아래 숨어 있는 문이 하나 보일 거예요. 한양도성을 지을 때 사람들이 쉽게 드나들 수 있도록 4개의 큰 문(4대문) 말고도 다시 4개의 작은 문(4소문)을 만들었는데 그중 하나가 창

홍예에 조각된 봉황

창의문

의문이에요. 이곳에는 자줏빛 구름이 많이 머물렀는지 마을 사람들은 창의문에 '자하문'이라는 별명을 지어 주고 즐겨 불렀어요. 지금은 4소문 가운데 창의문만이 옛 원형에 가깝게 보존되고 있어요.

  문에서 뭔가 특이한 것을 찾아보세요. 홍예석 중앙에 새 모양 조각이 보이나요? 바로 봉황이에요. 창의문 밖 땅의 모양이 지네를 닮았다는 속설이 있었는데, 지네를 잡아먹는 새들의 왕인 봉황을 새겨 지네의 기운을 누르려 한 것이에요. 궁궐과 가까운 곳에 있어서 좋지 않은 속설 하나에도 예민했던 게 아닐까 추측해요.

  창의문 옆으로 성벽을 따라 난 길은 시민들에게 꾸준히 사랑받는 등산로예요. 북악산으로 올라가는 서울성곽길의 일부이지요. 여러분은 그대로 창의문을 통과해 아랫길로 내려갈 거예요. 그림으로 시를 썼다는 화가 김환기 화백을 만나러요.

말로 표현할 수 없는 것을 말하려는 사람

환기미술관에서는 김환기 화백(1913~1974)의 작품뿐만 아니라, 때마다 바뀌는 주제에 따라 다른 화가들의 작품까지 두루 감상할 수 있어요. 또한 미술관 뜰에서는 다양한 조각 작품을 전시해요. 미술관 건물도 유명한 건축상을 받을 정도로 하나의 예술품으로 인정받고 있지요.

  김환기 화백은 우리나라 최초로 추상화를 그린 분으로 알려져 있어요. 그는 프랑스 파리와 미국 뉴욕에서 활동하며 우리 현대 미술을 세계 무대에 알렸어요. 이게 모두 김환기 화백이 돌아가신 1970

환기미술관

년대 이전의 일이라니, 놀랍죠? 김환기 화백은 일제 강점기에 일본에서 서양 미술을 공부했지만 우리 전통문화에 대한 관심을 놓을 수 없었어요. 그래서 전통 가구와 도자기 등을 즐겨 수집하고 때로는 직접 만들기까지 했어요. 그리고 그걸 그림의 소재로 삼았지요. 그러다 보니 서양 사람들이 보기엔 어디에도 없는 새로운 추상화가 나온 거죠.

예술 작품을 가격으로만 평가할 수는 없지만, 유명한 미술 작품은 사고팔 때마다 그 가격에 관심이 쏠리곤 해요. 김환기 화백의 추상화는 지금도 국내뿐 아니라 해외 그림 시장에서 아주 높은 가격에 거래되고 있답니다. 현재 한국 미술 작품의 가격 순위 1위에서

6위까지를 모두 김환기 화백의 그림들이 차지하고 있어요.

흔히 '시(詩)는 말로 그리는 그림'이라고 해요. 반대로 그림, 그중에서도 추상화는 그림으로 시를 쓰는 일이라 할 수 있어요. 그러니 이 동네 어느 바위 위에서 신선이 된 시인과 화가가 마주 앉아 서로의 작품을 놓고 토론을 펼치고 있지는 않을까 상상해 보게 돼요.

평화를 지키려 칼을 씻다

미술관을 나와서는 어느 길로 가든 호젓하고 운치 있는 산책길이 될 거예요. 부암동 골목을 더 걸어도 좋고, 큰길로 나가 건너편 서울미술관과 흥선대원군의 옛 별장인 석파정을 둘러보는 것도 좋지요. (서울미술관 표로 관람할 수 있어요.) 어느 쪽으로 가든 오늘의 마지막 목적지는 같아요. 바로 세검정이에요.

이름에서 검정색을 떠올렸나요? 맞아요. 동네 아이들이 정자 아래를 받치고 있는 너럭바위에다 붓으로 하도 글씨 연습을 하는 바람에 바위에 먹물 마를 날이 없었다고 하니까요. 그런데 그건 한자 이름의 뜻풀이는 아니에요. 한자로는 '칼을 씻은 곳'이라는 뜻이죠. 조금 무서운가요?

그러나 '세검'이라는 말에는 칼을 씻어 누구를 해치겠다는 뜻이 아니라 평화를 지키겠다는 뜻이 담겼다고 합니다. 그럼 누가 칼을 씻었다는 걸까요? 조선 광해군 때 인조반정을 주도한 이귀, 김류 등이 이곳에서 광해군의 폐위를 결의한 뒤 칼을 씻었다는 이야기가 전해 와요. 여러분이 지나온 창의문에도 당시 반정군이 문을 부수

고 들어가 반정에 성공했다는 이야기가 남아 있으니, '세검정'이라는 특이한 이름이 지어진 사연은 사실에 가까운 듯해요. 겸재 정선의 그림 속에서도 세검정의 모습을 찾을 수 있어요. 1941년에 근처 종이 공장에 불이 났을 때 세검정도 함께 타 버렸는데, 겸재의 그림 덕분에 현재 모습으로 복원할 수 있었죠.

이 앞을 흐르는 홍제천 물소리가 아주 크고 우렁차서, 장마철에 비가 많이 내린 뒤에는 물 구경을 하려고 도성 안 사람들이 많이 모여들였대요. 운

이 좋으면 여러분도 우렁찬 물소리와 자줏빛 구름을 한꺼번에 감상할 수 있겠지요.

　오늘 탐방에서는 시인과 화가, 권력자를 차례로 만났어요. 누구는 펜으로, 누구는 붓으로, 또 누구는 칼로 각자 바라는 세상을 그려 낸 이야기가 무척 인상적이에요. 여러분은 자기가 바라는 세상을 어떤 방법으로 그려 내고 싶은가요?

12
조선 양반의 중심지, 북촌한옥마을

임금도 어쩌지 못한 신하들의 마을

"전하, 어찌하여 자리가 좋지 않은 백악산 아래에 경복궁을 지었나이까. 지금이라도 궁궐을 향교동의 승문원 자리로 옮겨야 왕실과 나라가 번영할 것이옵니다. 경복궁을 옮기기 힘들다면 창덕궁이라도 옮겨야 하옵니다!"

1433년(세종 15년), 조정이 발칵 뒤집혔어요. 궁궐을 옮겨야 한다는 최양선의 주장에 신하들이 몹시 당황했어요. 최양선은 별자리를 관측하고 땅의 기운을 살피는 서운관에서도 실력이 매우 뛰어난 관원이었어요. 그런 최양선이 경복궁 자리가 좋지 않다고 주장하니 예삿일이 아니었지요.

세종대왕은 귀담아들어 볼 필요가 있다고 여겼지만 대부분의 신

하들은 궁궐 이전은 절대 안 된다며 물러서지 않았어요. 결국 세종 대왕은 신하들의 반대에 뜻을 접었답니다. 그곳이 어디기에 신하들이 끝까지 반대한 걸까요?

최양선이 말한 향교동의 승문원 자리는 현재 북촌한옥마을의 재동초등학교 근처랍니다. 그런데 향교동 일대에는 벌써 신하들의 집이 자리 잡고 있었거든요. 향교동을 비롯한 북촌한옥마을은 경복궁과 창덕궁의 중간쯤이라 궁궐로 출근하기 편했어요. 또한 북한산의 좋은 기운을 받는 아늑한 주거지였지요. 그런데 그곳에 궁궐을 짓는다면 어떻게 될까요? 아무리 임금의 명이라 해도 자기가 살고 있는 집을 뺏기고 싶지는 않았을 거예요.

조선 시대 내내 북촌은 양반들이 가장 살고 싶어 한 동네였어요. 부와 권세가 있는 양반들은 앞다투어 이곳에 집을 마련했어요. 오늘 탐방할 곳은 조선에서 가장 힘이 세고 부자 동네였던 북촌, 왕도 부러워했던 동네 북촌이에요.

북촌의 첫 만남, 윤보선길

지하철 3호선 안국역 1번 출구를 나오면 북쪽으로 윤보선길이 보일 거예요. 오늘 탐방은 이곳에서 시작합니다. 오늘 걸을 길은 모두 5개인데, 첫 번째가 우리나라 제4대 대통령 윤보선의 이름을 딴 '윤보선길'이에요.

 "우아, 대통령이 살던 곳이네요!"

선학원

 "북촌은 윤보선 대통령 말고도 이름난 인물들이 많이 살던 동네로 유명해."

윤보선길 입구 왼쪽은 풍문여고가 있던 자리예요. 옛날에는 대한제국의 마지막 황제 순종이 가례(혼인식)를 올린 안동별궁(안국동별궁)이 있었어요. 길을 따라 조금 더 올라가면 풍문여고 담장을 마주 보고 덕성여고가 있어요. 덕성여고는 숙종의 비인 인현왕후가 살던 감고당 터예요. 명성황후도 어린 시절을 감고당에서 보냈답니다.

학교 건물들 사이로 커다란 기와집이 보이죠? 그 기와집은 선학원이라고 해요. 선학원은 일제 강점기에 만해 한용운 등 여러 스님들이 일본에 반대하고 한국 불교의 전통을 지키고자 앞장서서 만든 선원(참선과 명상을 하는 기관)이에요. 항일 정신과 우리 불교의 맥을

안동교회

지키고자 애쓴 소중한 장소이니 잊지 말고 살펴보세요.

선학원을 지나서 더 올라가면 오래된 교회가 보일 거예요. 1909년에 설립된 안동교회입니다. 조선 말 교회는 대부분 외국인 선교사들이 세웠는데, 안동교회는 특이하게도 북촌의 양반들이 만들었어요. 양반이면 옛것만을 지킬 듯한데, 안동교회에 모인 신자들은 외국 문화를 받아들여 나라의 힘을 길러야 한다고 생각했어요.

이런 생각을 한 사람들 중에는 우리 한글을 무척 사랑한 이윤재 선생도 있었어요. 이윤재 선생은 교육자이자 독립운동가로, 조선어학회에서 한글 사전 편찬에 참여하고 『한글』이라는 잡지를 만들었어요. 1942년 '조선어학회 사건'으로 일본에 붙잡혀 감옥에서 돌아가셨지요. 한글 사랑을 꽃피우던 조선어학회가 바로 안동교회 옆에 있었답니다. 교회를 지나면 나오는 삼거리에서 '조선어학회 터' 표

지석을 찾아보아요. 금방 찾았죠?

그런데 교회 맞은편의 담벼락은 끝이 보이지 않네요. 얼마나 큰지 궁금하겠지만 사람이 살고 있어서 함부로 들어갈 수는 없답니다. 누구 집이냐고요? 이 집은 북촌한옥마을에서 가장 넓은 집 가운데 하나인 윤보선가랍니다. 윤보선 대통령이 살았던 집이고 지금은 후손들이 지키고 있어요. 북촌에 큰 행사가 열릴 때 간혹 개방하기도 하니 기회가 닿으면 꼭 들어가 보세요. 조선 시대에는 북촌에 윤보선가처럼 큼직큼직한 한옥이 많았는데 지금은 몇 채 남지 않았거든요.

안을 들여다보지 못한다고 실망할 필요는 없습니다. 윤보선가에

윤보선가

못지않은 집이 있는데 그곳은 시민들에게 개방하거든요. 당장 가고 싶다고요? 조금만 참으세요. 잠시 뒤에 갈 테니까요. 지하철역을 나와서 윤보선가까지 거리는 얼마 안 되는데 정말 많은 이야기가 숨어 있죠? 북촌은 그런 곳이랍니다.

그럼 이제 본격적으로 북촌한옥마을 탐방을 떠나 봅시다. 다음 장소는 윤보선가 끝에서 양쪽으로 펼쳐지는 북촌로5길입니다.

북촌을 가로지르는 큰길, 북촌로5길

북촌에서 가장 사랑받는 장소가 있다면 바로 정독도서관일 거예요. 정독도서관 자리는 오랜 세월 동안 겹겹이 역사가 쌓인 장소예요. 조선 초기에 끝까지 단종을 지킨 사육신 가운데 한 명인 성삼문 선생이 살던 집도, 개화기에 갑신정변을 일으킨 김옥균·서재필의 집도 이곳이었어요. 일제 강점기인 1920년에는 여기에서 『동아일보』가 창간됐어요. 그 뒤에는 우리나라 최초의 중고등학교인 관립중학교(지금의 경기고등학교)가 세워졌고요. 한 장소에 정말 많은 역사가 쌓여 있지요?

북촌로5길을 따라 동쪽으로 조금만 걸어가면 큰 네거리가 나오고, 우리나라에서 가장 일찍 세워진 초등학교 가운데 하나인 재동초등학교가 보여요. 1895년에 고종의 명에 따라 만들어졌는데, 역사가 오래된 만큼 재동초등학교 출신 중에는 이름난 인물이 많아요. 소설가 김유정, 제헌헌법을 기초한 유진오, 동아일보를 창간한 김상만 등이 알려져 있어요.

정독도서관

그러나 학교의 명성과 달리 학생이 점점 줄더니, 지금은 전교생이 200여 명밖에 안 되는 작은 학교가 되어 걱정이 크답니다. 서울시교육청은 '서울형 작은 학교' 정책을 토대로 재동초등학교 같은 도심 속 작은 학교를 살리기 위해 노력한다고 해요. 앞으로 재동초등학교가 어떻게 새로 태어날지 지켜보도록 해요.

북촌로5길에서 마지막으로 가 볼 곳은 헌법재판소예요. 여기는 창덕여고가 있던 자리랍니다.

 "북촌에는 학교가 정말 많았나 봐요. 정독도서관도 헌법재판소도 다 학교 자리였다니."

"북촌은 옛날부터 교육 1번지였어. 풍문여고, 덕성여고, 창덕여고, 경기고를 비롯해 현대 사옥 자리에는 휘문고등학교가 있었지. 북촌에서 가장 높은 곳에는 지금도 서울중앙고등학교가 있단다."

헌법재판소는 박규수, 홍영식 등 조선 말 나라의 변화와 개혁을 꿈꾸던 개화파가 살던 장소예요. 아까 김옥균, 서재필의 집이 정독도서관 자리에 있었다고 했지요? 이처럼 갑신정변의 주역들은 북촌에서 서로 이웃하고 살던 청년들이었답니다. 그때의 흔적은 박규수 선생 집터 표지석으로만 남았지만, 그래도 600살쯤 된 백송이 우뚝 서서 자리를 지키고 있어요. 백송은 중국에서 자라는 나무인데, 소나무를 좋아한 조선의 선비들이 사신으로 중국에 갔을 때 묘

재동 백송

목을 구해 왔다고 해요. 나이를 먹을수록 하얗게 변하는 백송이 무척 신기했던 모양이에요.

　헌법재판소를 보았으니 재동초등학교 너머에 깊숙이 들어앉은 마을로 가 볼까요? 창덕궁과 가까운 북촌의 동쪽에는 보물과도 같은 장소가 숨어 있답니다. 바로 계동길이에요.

북촌에 숨은 보물 같은 길, 계동길

계동길은 북촌의 동쪽에 있어요. 재동초등학교에서 조금만 동쪽으로 가면 계동길 앞 사거리가 나와요. 이 근처에는 독립운동가 여운형, 한용운 등이 살았던 흔적이 표지석으로 남아 있어요. 계동길을 따라 북쪽으로 올라가면 북촌에서 가장 큰 한옥 중 하나인 인촌고택이 있어요. 인촌 김성수는 일제 강점기에 동아일보, 보성전문학교(지금의 고려대학교), 경성방직을 운영한 대부호였어요. 해방 뒤에는 제2대 부통령을 지냈고요. 그러나 일제 강점기 동안 일본에 협력한 친일파였다는 역사적 사실을 잊어선 안 돼요.

　인촌고택은 윤보선가와 마찬가지로 안으로 들어가 볼 수 없어요. 그 대신 바로 옆 대동세무고등학교 안으로 들어가면 인촌고택을 내려다볼 수 있어요. 이곳에서는 북촌한옥마을도 한눈에 들어오니 올라가 보기를 바라요.

　자, 그럼 다시 계동길을 따라 북쪽으로 조금 더 올라가 봐요. 가면서 길 오른쪽을 잘 살펴보면 돌로 만든 우물이 눈에 들어올 거예요. 찾았나요? 지금은 사용하지 않지만 예전에는 날마다 물 긷는

사람들로 붐비던 자리, 석정보름우물이에요. 이름이 특이하죠? 물맛이 좋기로 유명했지만 한 달에 보름은 맑고 보름은 흐렸다고 해서 그런 이름이 붙었어요. 우리나라 최초의 천주교 세례에 이 물을 길어다 썼어요. 계동은 주문모 신부가 우리나라 최초의 미사를 집전한 역사 깊은 장소거든요.

이제 100미터 정도만 올라가면 멋진 건물을 자랑하는 서울중앙고등학교가 나옵니다. 그런데 입구에서 보는 모습이 다가 아니랍니다. 주말과 휴일에는 학교를 개방하니 꼭 들어가 보세요. 들어갈수록 감탄이 쏟아질 거예요.

서울중앙고등학교

1917년에 지은 건물들이 고려대학교의 고풍스러운 모습을 빼닮아 '작은 고려대'라는 별명이 있을 정도예요. 특히 본관은 우리나라의 대표적인 건축가 박동진이 서양 고딕 양식으로 설계한 건물로, 국가 사적으로 지정되었어요. 국어학자 이희승, 시인 이상화, 소설가 채만식을 비롯해 정진석 추기경, 배우 최불암 등을 배출한 유서 깊은 중앙고등학교는 북촌에서도 높은 지대에 자리 잡아 바로 옆 창덕궁의 숨겨진 모습까지 볼 수 있는 곳이에요. 운동장 뒤편으로 보이는 북한산 자락의 아름다운 모습도 놓치지 마세요. 사라져 버린 북촌 일대의 고등학교들과 달리 지금도 학생들이 다니는 학교여서 더욱 반가운 곳입니다.

작은 박물관이 모인 소담스러운 길, 북촌로12길

"다리가 아픈 걸 보니 많이 걸었나 봐요. 아무튼 북촌은 볼거리와 이야기가 정말 가득하네요."

"많이 걷긴 했지. 하지만 벌써 지치면 안 돼. 마지막 남은 장소들이 있으니 조금만 더 힘내서 가 보자."

　북촌 탐방은 끝나지 않았어요. 새로운 시작이라고 해도 될 만큼 중요한 장소들이 우리를 기다리고 있거든요. 다리에 힘을 주고 다시 걸어 보아요. 북촌로12길이 어디 있는지 찾아보세요. 서울중앙

고등학교 정문에서 나와 오른쪽으로 오르막길을 조금만 올라가면 도로명 표지판이 보입니다.

북촌한옥마을이 유명해진 데는 작은 박물관들이 오순도순 모인 북촌로12길의 영향이 컸어요. 민화를 그려 보고(가회민화박물관), 매듭을 만들고(동림매듭박물관), 아름다운 자수를 감상할 수 있는(한상수자수박물관) 체험 한옥 골목으로 알려졌거든요. 많은 어린이들이 이곳을 다녀갔고, 외국인들도 한국적인 모습이 궁금하다며 이 골목을 찾고 있어요. 여러분도 한 가지쯤 재미난 체험을 하며 아픈 다리를 쉬어 가면 어떨까요?

북촌에서 가장 아름다운 한옥이 있는 북촌로7길

이번에는 다시 북촌로로 나와서 조금 내려가면 나오는 북촌로7길로 가요. 북촌에서 가장 아름답다는 백인제가옥을 보기 위해서랍니다. 이 한옥의 주인인 백인제는 인제대학교 백병원 설립자로, 일제 강점기부터 우리나라를 대표하는 유명한 외과 의사였어요. 1913년에 지은 이 집은 2,460제곱미터의 넓은 땅에 전통과 근대의 건축이 어우러진 최고급 한옥이에요. 1944년에 백인제가 구입해 사용하던 것을 2009년에 서울시가 사들여 시민들에게 공개했어요.

백인제가옥은 말이 필요 없을 만큼 넓고 아름다워 북촌 탐방에서 놓칠 수 없는 곳이에요. 영화 「암살」을 촬영한 곳으로도 알려졌지요. 조선 시대에는 이렇게 큰 한옥이 많은 동네였다는 사실을 생각하면 북촌은 정말 대단한 곳이에요.

백인제가옥

북촌 꼭대기로 오르는 북촌로11길

북촌로11길은 1930년대에 지은 작은 한옥이 가득한 골목이에요. 언덕에 있어서 서울 시내가 내려다보이는 멋진 전망을 자랑하지요. 꼭대기로 가면 북촌 탐방의 마지막 목적지인 맹사성 집터를 만날 수 있습니다. 세종대왕을 곁에서 도운 정승 맹사성은 소를 타고 다니길 좋아하고 항상 검소하게 살기로 이름난 분이었어요.

어때요? 힘은 들지만 북촌 꼭대기까지 오르니 남산도 보이고 서울 시내도 잘 보이죠? 탐방은 힘이 들지만 언제나 이런 기쁨이 함께한다는 점을 잊지 않으면 좋겠어요.

서촌

답사 코스

경복궁역 ❸ 출구 종로09번 → 수성동 계곡 → 윤동주 하숙집 터 → 박노수미술관 → 이상의집

13
물소리에 모여든 예술가들, 수성동 계곡

"네가 우리 옆집에 산다면 얼마나 좋을까?"

"우리 동네로 이사 와. 우리 동네 진짜 좋아."

한 명이 전학을 가서 서로 멀리 떨어진 두 친구는 만날 때마다 이런 말을 주고받아요. 친한 사람들끼리 가까이에 모여 산다면 좋은 점이 많겠죠? 비슷한 일을 하는 사람들끼리도 그렇답니다. 친하게 자주 어울리면서 서로 돕고, 일 이야기도 나눌 수 있으니까요. 경복궁 서쪽 서촌의 작은 마을에는 예부터 많은 예술가들이 모여 살았다고 해요.

동네 뒷산을 담아 두고 싶었던 정선

지하철 3호선 경복궁역에서 마을버스를 타고 좁은 길을 달려 도착

한 수성동 계곡. 많은 물이 흘러 경복궁까지 물소리가 들릴 만큼 컸다 해서 붙은 이름이에요. 조선 시대에도, 최고의 화가였던 겸재 정선의 그림「수성동」에 그려질 만큼 유명한 곳이었어요. 계곡물은 청계천을 향해 흘러요. 뒤로 보이는 깨끗한 얼굴의 바위산은 인왕산이고요.

유명한 계곡 입구치고는 조금 초라한가요? 그러나 여기는 조선 시대까지만 해도 경치 좋고 살기 좋기로 이름났던 곳이었어요. 안평대군과 추사 김정희 등 많은 문인들이 시를 지으며 놀았다는 이야기가 전해 옵니다. 현대에 들어서는 서울에서 가장 이른 시기에 지어진 아파트 중 하나인 옥인아파트가 있던 동네예요.

아파트는 너무 낡아서 철거되고 지금은 계곡 한쪽에 흔적만 남았지만, 한때는 단지 안에 주민 전용 수영장까지 있을 정도로 많은 사람들의 소중한 생활 터전이었어요. 그러다가 철거한 뒤에 주변을 깨끗이 정리하자 계곡 입구가 훤히 드러났답니다. 작은 계곡이지만 물이 맑아서 개울 곳곳에 사는 개구리, 도롱뇽, 가재, 버들치 등과 잠시 물놀이를 할 수도 있어요.

계곡을 조망할 수 있는 나무 데크 위에 겸재 정선의 「수성동」 그림이 보이죠? 그림 속에서 작은 돌다리 하나를 찾아보세요. 그리고 고개를 들어 실제 다리와도 비교해 보세요. 그런데 이 다리가 영영 사라질 뻔했던 사연을 알고 있나요?

2009년 어느 날, 계곡 입구에 자리 잡은 옥인아파트 철거 공사가 한창일 때였어요. 근처에서 문화재를 조사하던 전문가들 중 한 사

람이 소리쳤어요.

"어라? 여기에 웬 돌이 있지? 보통 돌은 아닌 것 같은데."

"아니, 이건 겸재 정선의 그림에 나오는 돌다리 아닌가?"

기린교라 불리는 이 돌다리는 겸재 정선의 그림 속에 그려진 다리의 실제 모델이었다는 사실이 확인되었어요. 오랫동안 방치되어 오던 돌다리는 철거로 사라질 뻔했다가 비로소 제자리를 찾았답니다. 이렇게 어여쁜 다리가 하마터면 콘크리트 더미에 묻힐 뻔했던 거예요. 아찔하죠? 자기가 살던 백악산과 이곳 인왕산 일대를 사랑해서 그림으로 남긴 정선이 아니었다면 기린교는 영영 사라져 버렸을지도 몰라요.

계곡 주변의 아기자기한 물길을 둘러보고 정자에도 앉았다가 옥인아파트의 잔해를 남겨 둔 곳으로 걸음을 옮기면 뜻밖에도 경복궁 일대와 종로의 빌딩 숲이 눈에 들어옵니다. 여기에서 잠시 이마에 맺힌 땀을 닦고 또 한 명의 예술가를 만나러 가 봅시다.

온 국민이 사랑하는 시인이 머물렀던 하숙집

계곡을 등지고 마을버스가 올라왔던 길을 되짚어 걸어 내려가다 보면, 5분도 채 안 되어 오른쪽의 평범한 연립 주택 벽면에 동판으로 새긴 익숙한 이름을 만나게 돼요. '윤동주 하숙집 터.'

일제 강점기에 연희전문학교(지금의 연세대학교)에 다니던 시인 윤동주는 어느 날 기숙사 후배 정병욱에게 말했습니다.

"병욱아, 전쟁이 치열해지면서 학교 기숙사 급식이 너무 형편없어진 것 같지 않아?"

"형도 그렇게 느꼈어요? 요즘 저도 밥맛 좋은 하숙집을 찾아볼까 생각하고 있어요."

윤동주 시인은 고향인 만주 용정을 떠나 줄곧 연희전문학교 기숙사에서 생활해 왔습니다. 그런데 일본이 일으킨 태평양 전쟁이 막바지에 이를 무렵 학교 급식이 썩 마음에 들지 않았나 봐요. 그래서 함께 지내던 정병욱과 함께 서촌 일대에 있는 하숙집을 알아보러 다녔어요.

윤동주 시인은 지난 부암동길 편(118쪽 참조)에서 소개했죠? 여기가 바로 그 무렵 윤동주가 묵었던 하숙집이에요. 아, 여러분 눈앞

에 보이는 집에서 살았던 건 아니에요. 지금은 그 집터에 다른 집이 새로 지어졌어요. 사람들이 마을을 이루어 산 지 오래된 동네인 만큼 일제 강점기부터 사용한 번지수가 그대로 남아 찾아낼 수 있었답니다.

윤동주 시인의 대표작 가운데 하나인 「십자가」를 이곳에서 썼을 거라 짐작하고 있어요. 석 달이라는 짧은 기간 동안 머물렀던 곳이지만, 온 국민의 사랑을 받는 시인이다 보니 이 작은 흔적 하나도 이토록 소중하게 기록하고 있나 봅니다.

윤동주 하숙집 터임을 알리는 명판

계속해서 골목을 걸으며 주변에 들어선 집들을 잘 보세요. 이 동네에는 아파트가 없죠? 이곳에 아파트가 들어섰다면 높은 층에서는 청와대가 훤히 내려다보일 거예요. 그래서 오래전부터 보안상의 이유로 이 동네에는 아파트를 비롯한 높은 건물이 들어설 수 없었답니다.

또 하나. 서촌에는 미로처럼 좁은 골목이 많아요. 골목이 좁다는 것은 그만큼 많은 집들이 다닥다닥 붙어 지어졌다는 뜻이죠. 이유가 뭘까요?

임진왜란 때 경복궁이 불타 버려 1610년부터 임금이 창덕궁으

로 옮겨 살면서 경복궁은 궁궐의 기능을 잃었어요. 그러니 서촌은 400여 년 전부터 텅 빈 궁궐의 옆 동네였던 셈이에요. 당연히 도성 안치고는 집값이 저렴한 편이었을 거고요. 그래서 중인들, 즉 역관, 의관, 화원, 율사(지금의 법무사나 변호사), 시전 상인, 군인, 갓 고치는 기술자 등 오늘날의 전문직에 종사하는 사람들이 이곳에 모여 살게 되었답니다. 그런 까닭에 서촌은 지체 높은 양반들이 살던 북촌에 견주어 작은 집들이 옹기종기 모여 있는 모양새가 된 거예요.

그런데 여기, 여느 집들과는 규모부터 남다른 집이 하나 있어요.

이 멋진 집을 누가 지었을까?

윤동주 하숙집에서 그대로 내려가다가 첫 번째 마을버스 정류장에 이르면 '종로구립 박노수미술관'이라 적힌 표지를 볼 수 있어요. 입구로 들어서자마자 눈에 들어오는 특이하고 아담한 미술관 건물이 인상적이에요. 정원에는 잘 가꾼 갖가지 나무와 화초, 멋진 수석, 조형물 들이 있어요. 흔히 보는 미술관과는 많이 다르지요? 누가 살았던 집 같다고요?

맞아요! 여기는 박노수 화백이 40여 년간 살았던 집을 미술관으로 개조한 곳이랍니다. 이 집은 한옥과도 거리가 멀고, 요즘 짓는 단독 주택과도 차이가 큽니다. 일제 강점기에 지은 이 집은 한옥과 양옥, 중국식 건축 기법이 섞여 있어요. 그런데 이 집의 처음 주인은 따로 있었어요. 이렇게 특이하고 멋진 집을 과연 누가 지었을까요?

박노수미술관

　일본인이라고요? 비슷해요. 친일파로 알려진 윤덕영이라는 인물이 자기 딸을 위해 지은 집이랍니다. 1938년에 지었으니 80년쯤 지났네요. 박노수 화백은 1973년에 이 집을 구입한 뒤 정성껏 가꾸어 오다가 2011년 시민들을 위해 종로구에 기증했죠. 지금은 서울시 문화재자료 1호가 된 이 집은 아름다운 마음이 깃든 집이 되었어요. 어떻게든 부자가 되는 것만 중요하게 여기는 요즘, 어떤 부자가 되어야 하는지, 부자가 되는 것보다 중요한 일은 없는지 생각하게 하는 집이에요.

상상력으로만 볼 수 있는 작가 이상의 집
마지막으로 들를 곳은 소설 「날개」의 작가 이상의 집입니다. 밖에

서 보면 현대식 카페 같지만, 조금 거리를 두고 보면 그 집의 옛 지붕이 고스란히 남아 있다는 걸 알 수 있어요. 윤동주 하숙집과 달리 이상은 이곳에서 꽤 오랫동안 살았어요.

시인이자 소설가였던 이상은 이해하기 어려운 시를 쓴 것으로도, 그림을 잘 그리기로도 유명했습니다. 건축학을 전공하고 조선총독부에서 건축과 관련된 일을 했다고 알려져 있고요. 여기에서는 이상이 남긴 대부분의 작품들을 비롯해, 그가 책표지 등 여기저기에 남긴 그림들을 볼 수 있어요.

거대한 철문을 열고 들어가면 캄캄한 한쪽 벽면에 이상의 일생을 보여 주는 영상을 상영하고 있어요. 옆으로 난 계단을 올라가면, 지금은 없지만 그가 묵었던 2층 방의 위치를 상상해 볼 수 있게 꾸며

이상의집

놓았습니다. 거기에서는 아까 밖에서 본 기와지붕이 내려다보여요. 네모나고 작은 마당과 현대식 카페 건물이 어우러져 마치 이상의 작품처럼 약간 이상하고 낯선 느낌을 자아내는 모양새랍니다.

자연이 예술가들을 부르고, 그들의 이야기가 우리를 불러요

우리가 둘러본 곳들 말고도 이 길에는 추사 김정희, 화가 이중섭과 이상범, 시인 노천명 등 여러 예술가의 이야기가 흐르고 있어요. 이처럼 여러 예술가가 수성동 계곡에 모여들었던 이유는 무엇일까요? 집값이 싸서? 그 점도 무시할 수는 없지만 그 이유 때문만은 아니겠지요.

사람의 손을 타지 않은 아름다운 자연은 예술가들이 가장 좋아하는 소재입니다. 자연만큼 예술가들에게 영감을 주는 소재는 없을 거예요. 순리에 따라 '자연'스러운 삶을 살고자 했던 사람들과, 그런 마음을 작품 속에 담아내려 한 예술가들이 수성동 계곡의 물소리에 이끌려 모여든 게 아닐까요?

요즘 들어 이곳이 젊은 예술가들을 비롯해 사람들로 다시 북적이게 된 가장 큰 원인도 바로 예술의 힘, 이야기의 힘이 아닐까 싶어요. 집이 허물어지고 길이 새로 나도 예술가들의 삶과 이야기는 끊임없이 우리를 그곳으로 불러들이니까요.

양천향교역 ❶ 출구 → 겸재정선미술관 → 소악루 → 광주바위 → 허준박물관

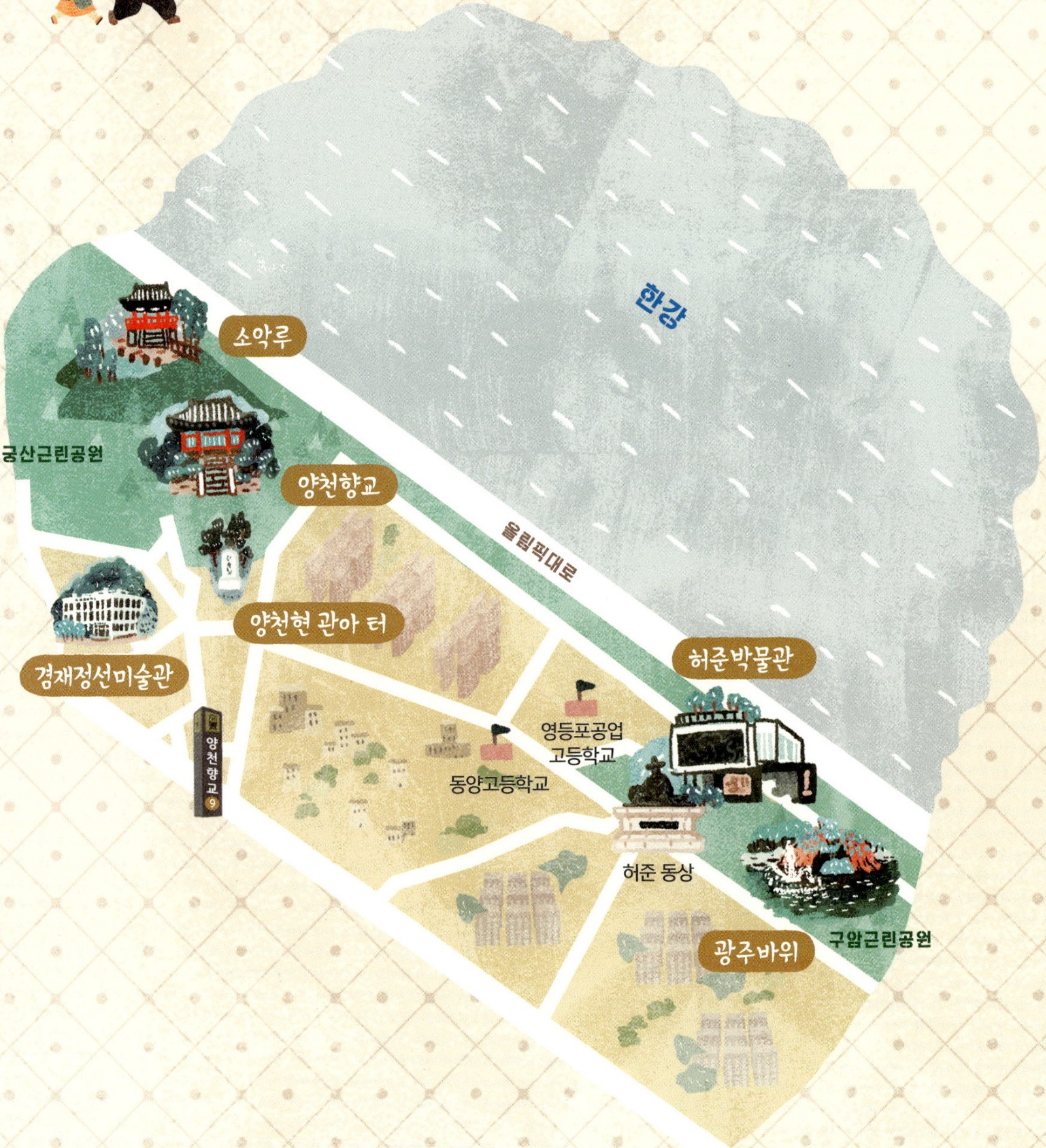

변화하는 조선, 새 시대를 이끈 사람들

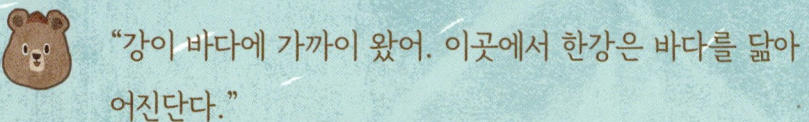

"선생님, 갈매기들이 날고 있어요. 대체 여긴 강이에요, 바다예요?"

"강이 바다에 가까이 왔어. 이곳에서 한강은 바다를 닮아 넓어진단다."

　강서구를 지나는 한강은 넓고 잔잔해요. 서울 중심을 통과하는 좁은 물길을 빠져나와 강폭이 넓은 하류에 접어들었기 때문이지요. 강서구는 서울의 가장 서쪽에 있어요. 본래 김포였다가 서울에 포함되면서 새롭게 생긴 지역이에요. 특히 지하철 9호선이 지나는 길은 최근에 지은 새 아파트들로 깨끗하게

정비되고, 곳곳에 시원스러운 전망을 자랑하는 공원들이 자리 잡고 있어요.

그렇지만 강서구에 새것만 있는 건 아니랍니다. 대한민국 국민이라면 누구나 알 만한 국보급 역사 인물을 두 분이나 만날 수 있으니까요.

65세에 양천현령으로 부임한 겸재 정선

지하철 9호선 양천향교역 1번 출구로 나오면 살짝 물비린내가 풍겨요. 가까이에 한강이 흐르고 있기 때문이죠.

겸재 정선을 만나러 가는 길은 약간 오르막이에요. 인도가 좁으니 조심조심! 길을 따라 5분만 걸으면 교차로 한가운데에 소나무 몇 그루가 보여요. 소나무 그늘 아래 작은 비석이 있어요. 비석에는 '양천현 관아 자리'라는 뜻의 한자가 적혀 있네요. 겸재 정선은 65세부터 5년 동안 양천현령으로 부임해 일했어요.

정선은 양천현령으로 부임해 있는 동안 그림 실력이 완성기에 이르렀다고 평가받아요. 그는 이곳에서 오랜 벗 이병연과 그림과 시를 주고받으며 주옥같은 작품들을 그려 냈지요. 특히 『경교명승첩』은 한강 곳곳의 절경과 명승지를 그린 작품 모음집이에요. 그래서 정

양천현 관아 자리임을 알리는 표지석

선을 기념하는 국내 유일의 미술관이 양천에 있지요. 미술관 안에는 『경교명승첩』에 등장하는 지역의 현재 사진을 작품과 비교해 볼 수 있게 꾸며 놓았어요.

　그림을 잘 그리는 사람은 많지요. 정선이 살던 시대에도 그랬을 거예요. 그런데 예술가로 이름난 사람들에게는 탁월한 실력 말고도 또 공통점이 있어요. 바로 새로운 흐름을 만들어 냈다는 점이에요. 새로운 흐름은 보통 사람들이 늘 당연하다고 여기는 것을 다르게 보는 데서 출발해요. 그건 결코 쉬운 일이 아니에요. 정선은 전통이라는 이름으로 모두 따르고 있던 당시의 화풍을 완전히 바꿔 놓았어요. 그게 바로 '진경산수화'예요.

　진경산수화는 실제 자연을 보고 그렸다는 뜻이에요. 정선은 양천에 부임해 와서 경치를 관찰하며 그림을 그렸어요. 겨우 그것만으

겸재정선미술관 전시실

로 어떻게 새로운 흐름을 만들었다고 할까 하는 의문이 들지요? 산수화라면 실제 경치를 보고 그리는 것이 당연하니까요.

그러나 당시에는 그렇지 않았답니다. 그 무렵 사대부들이 그린 문인화는 무엇을 그리느냐보다 어떤 생각을 그림에 담아 표현하는지가 더 중요했어요. 그래서 사대부들은 오래전부터 중국 사대

부가 그려 온 것을 모방해서 그리곤 했어요. 그런데 서서히 우리 식 그림, 우리 산천을 그림에 담는 일의 중요성이 제기됩니다. 바로 그때 정선은 이런 변화를 발 빠르게 수용하여 우리 식 산수화를 그려 내는 데 힘을 쏟았어요. 정선의 진경산수화는 앞 시대의 흐름을 변화시켰을 뿐 아니라, 우리의 자주 의식을 그림에 담아낸 결과물이기도 해요.

미술관에서 가까운 곳에 정선이 그림을 그린 장소가 숨어 있어요. 이제 그곳으로 가 볼 거예요.

한강을 진경산수화에 담은 곳, 소악루

미술관 뒤쪽 궁산근린공원 표지판을 따라 올라가면 금세 궁산 꼭대기에 이른답니다. 산이라기보다는 언덕 정도로 느껴지지만, 강에서 뱃놀이를 즐기던 옛사람들의 시선으로 보면 밋밋한 강변보다 훨씬 운치 있었을 거예요. 궁산과 더불어 개화산, 탑산, 쥐산으로 이어지는 강서구 한강 변의 옛 경치는 갑갑한 아파트 숲이 돼 버린 지금과는 많이 달랐겠지요.

한강 변에 있는 산들은 현대에 들어 개발 과정을 겪으면서 많은 곳이 깎여 없어지거나 본래 모습을 잃어 갔어요. 그러나 정선이 여기에 올라 그림을 그릴 무렵에는 강 건너 인왕산, 남산은 물론이고 강을 따라 늘어선 나지막한 산줄기들이 한눈에 들어왔어요. 그래서 많은 유명 인사들이 이곳을 찾았다는 기록이 있지요. 정선은 여기

에서 자신의 진경산수화를 완성해 갔어요.

정상 전망대에서는 정선이 이곳을 배경으로 그린「금성평사」,「행호관어」라는 그림을 전시하는데, 눈앞에 보이는 전망과 그림을 비교해 보는 재미가 쏠쏠해요. 그 옆으로 정선이 즐겨 올라 그림을 그렸다는 소악루가 있어요. 1994년에 복원한 소악루에서 바라보는 전망은 그야말로 그림 같지요. 여기에서는 정선의 작품 가운데「안현석봉」,「소악후월」을 감상할 수 있어요. 표지판에 있는 그림 제목의 뜻풀이를 읽어 보세요. 소악후월은 '소악루에서 달을 기다리다.'라는 뜻이랍니다.

광주바위야 미안해

소악루에서 내려오는 길은 강을 따라 길게 뻗은 한강공원으로 이어져요. 한강공원길로 15분쯤 걸으면 '가양 구름다리'로 오르는 승강기가 보일 거예요. 구름다리 저편이 바로 허준 선생의 호를 딴 '구암공원'이랍니다.

구름다리를 건너 허준 선생보다 먼저 마주하게 되는 것은 물속에 잠긴 채 오랜 세월 이곳을 지켜 온 집채만 한 바위예요. 이 바위 이름은 광주바위. 여기는 서울인데 어째서 이런 이름이 붙은 걸까요? 여기에는 재미있는 전설이 전해 내려와요.

옛날 경기도 광주에 큰 홍수가 났어요. 광주는 한강 상류에 자리한 고을이에요. 원래 거기에 있던 광주바위는 주민들의 자랑거리였어요. 그런데 홍수가 난 이튿날 아침에 보니 바위가 감쪽같이 사라

광주바위

졌지 뭐예요. 사람들은 강 하류 쪽을 샅샅이 뒤진 끝에 이곳 양천에서 바위를 찾아냈어요. 광주현감은 거대한 바위가 여기까지 떠내려 온 것을 보고 크게 놀랐지만 당장 문제는 그게 아니었죠.

'이 큰 바위를 다시 옮겨 갈 수도 없고……. 그렇다고 그냥 돌아가면 고을에서 내 체면이 말이 아닐 텐데, 이를 어쩐다? 옳거니!'

광주현감은 양천현감을 찾아갔어요.

"공짜로 좋은 경치를 보게 됐으니 이 바위의 주인인 우리에게 세금을 내야겠소."

그때부터 어쩔 수 없이 양천현에서는 바위 위에 자라는 싸리나무를 베어 해마다 싸리비 세 자루씩을 만들어 보냈대요. 그러던 어느 날, 새로 부임한 양천현감이 이 사정을 듣고는 도무지 이해가 가지

양천향교

않는다며 역정을 냈어요.

"양천에는 이 바위가 필요 없으니 도로 가져가라고 해라!"

소식을 들은 광주현감이 더는 세금을 요구하지 못했다고 해요.

양천현감을 지낸 정선도 이 이야기 속 어딘가에 끼어 있을 것만 같지요? 이야기의 주인공까지는 아니더라도 정선이 전설을 모르지는 않았을 테니, 그가 「소요정」이라는 그림에 광주바위를 그려 넣을 때 재밌어하며 혼자 키득거리는 모습을 상상하게 됩니다.

그런데 여기까지만 듣고서는 강을 따라 굴러온 바위가 왜 연못 속에 갇히게 됐는지 알 수가 없어요. 정선이 그린 「소요정」에도 바위는 분명 강 안에 있는데 말이죠. 그건 아까 여러분이 건너온 구름

다리 아래를 지나는 올림픽대로 때문이랍니다.

본래 이곳은 '공암나루터'라는 자그마한 나루터였어요. 그러다가 1980년대에 올림픽대로를 낼 때 강물 한쪽이 갇히면서 연못이 만들어졌는데, 하필이면 그 부분에 바위가 있었던 거예요.

광주바위는 얼마나 갑갑할까요? 고향을 떠나온 것도 서러운데 몇백 년 동안 보고 살았던 탁 트인 한강 전망까지 잃었으니까요. 앞으로 올림픽대로 위를 지날 때는 바위에게 미안한 마음이 들 것 같지 않아요?

우리 한의학의 역사를 담은 허준박물관

구암공원에는 허준박물관과 함께 허준 선생의 동상이 세워져 있어요. 그런데 이건 흔히 보던 동상들과는 좀 달라요. 서자 신분으로 태어나 그 시대에는 절대 불가능했던 신분 상승을 이루었지만, 허준의 생애와 관련해서는 알려진 점이 많지 않아요. 당연히 허준의 얼굴도 알 수가 없지요. 따라서 동상을 만드는 사람 처지에서는 모델로 삼을 만한 초상화 하나 없는 탓에 몹시 난감했을 거예요.

허준 동상

그런데 그분은 '어떻게 생긴 사람이었는지'가 아니라 '어떤 사람이었는지'에 초점을 맞추어 허준의 동상을 제작하기로 했나 봐요. 자, 보세요. 동상의 한 손은 환자의 이마에 얹고 다른 한 손으로는 진맥을 하고 있어요. 한없이 따뜻해 보이는 표정으로요. 그리고 그 오른쪽에는 조선 최고의 의서 『동의보감』이 있군요. 참 현명한 선택이었죠?

공원에는 놀이터가 있고, 연못을 따라 쉴 수 있는 시설이 많아요. 여기에서 잠시 쉬었다가 근처에 있는 공암(허가바위)도 찾아보세요. 이 바위는 선사 시대에 한강에서 조개와 물고기를 잡던 사람들이 거주한 자연 동굴인데, 허준이 14년에 걸쳐 『동의보감』을 완성한 곳이라는 이야기가 전해져요.

임진왜란이 채 끝나지 않은 1596년, 허준은 선조 임금에게서 최신 의서를 만들라는 명을 받았어요. 허준은 전국에서 이름난 의원

공암

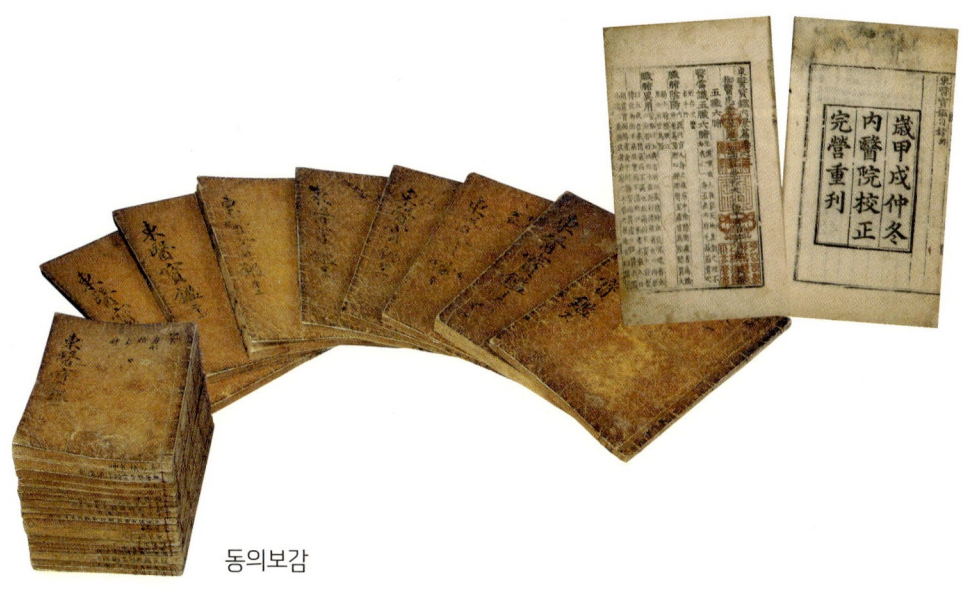

동의보감

들을 불러 모아 그들과 함께 책의 차례를 만들면서, 다음과 같은 세 가지 원칙을 세웠어요.

첫째, 병을 고치기에 앞서 수명을 늘리고 병이 걸리지 않게 하는 방법을 중히 여긴다.
둘째, 무수히 많은 처방들의 요점만 간추린다.
셋째, 국산 약을 널리 쓸 수 있게끔 약초 이름을 한글로 쓴다.

특히 세 번째 원칙에는 감동할 수밖에 없어요. 그때는 지금처럼 병원(의원)이 많지 않고 약도 부족했어요. 그래서 사는 곳 근처에서 약재를 찾아 써야 했는데, 책들에 적힌 약 이름이 모두 중국식 한자

허준박물관

어로 되어 있었죠. 따라서 한자를 모르는 사람들은 읽을 수조차 없었고, 읽었다고 해도 우리 식 이름과 달라서 코앞에 두고도 약으로 활용하지 못하는 약초가 많았어요. 그래서 되도록이면 '우리말'로 된 약초 이름을 '한글'로 쓴다는 원칙을 세운 거예요.

14년에 걸친 작업 끝에 드디어 조선의 실정에 맞는 의서가 탄생했어요. 『동의보감』은 학문적인 우수성을 인정받아 2009년에 유네스코 기록유산으로 등재되었어요.

이제 박물관 안으로 들어가 보아요. 박물관에는 어린이를 위한 여러 가지 체험 시설이 마련돼 있고, 정보를 입체적으로 전달하는 정교한 모형들로 가득 차 있어요. 이곳에서는 허준의 생애와 『동의보감』을 집필한 과정, 그가 쓴 다른 책들, 한의학에 관한 기초 지식을 쉽고 재미있게 전시하고 있답니다. 또 박물관 밖으로 이어진 통

로로 나서면 작은 동산 하나를 가득 채운 약초밭이 나와요. 우리 주위에서 흔히 볼 수 있는 식물들이 약재로 쓰인다는 사실에 놀랄지도 몰라요.

사람의 마음을 어루만지는 일

허준의 동상 앞에는 이런 글귀가 새겨져 있어요. 『동의보감』에 나오는 한 구절이에요.

> 옛날 뛰어난 의원은 사람의 마음을 잘 다스려서 미리 병이 나지 않도록 하였는데 지금의 의원은 사람의 병만 다스리고 사람의 마음은 다스릴 줄 모른다.

사람의 마음을 다스린다는 것은 어떤 걸까요? 그건 아무리 과학이 발달해도 첨단 기술로 가능한 일은 아닐 거예요. 그건 '다른 사람의 마음을 이해하려는 노력', 그리고 '더 나은 세상을 만들려는 노력'처럼 인간만이 할 수 있는 일일 거예요.

오늘 만난 정선과 허준 두 사람의 공통점은 바로 이것 아닐까요? 허준의 의학과 정선의 예술은 모두 사람의 마음을 어루만지면서 새 시대로 나아가려는 노력이었으니까요.

성북

답사 코스

한성대입구역 ❻ 출구 → 성북02번 → 한중 평화의 소녀상 → 우리옛돌박물관 → 길상사 → 심우장

⑮ 깊이 생각해 볼 만한 이야기가 가득한 길

성북동 비둘기들은 다 어디로 갔을까?

성북동 산에 번지가 새로 생기면서
본래 살던 성북동 비둘기만이 번지가 없어졌다.
새벽부터 돌 깨는 산울림에 떨다가
가슴에 금이 갔다.

- 김광섭, 「성북동 비둘기」 중에서

60년대 초 당신이 살던 성북동에서는
비둘기들이 채석장으로 쫓겨 돌부리를 쪼았다지만

20여 년이 지난 지금
성북동에 비둘기는 없는걸요.
채석장도 없어요.

- 김유선, 「김광섭 시인에게」 중에서

위의 시 두 편에서 비둘기는 서울의 도시 개발이 한창일 때 살 곳을 잃은, 힘없고 가진 것 없는 서민들을 뜻해요. 두 번째 시는 1980년대에 쓰였는데, 그 뒤로도 성북동이 많은 변화를 겪었음을 보여 줘요.

1960년대에 들어 개발되기 전까지 성북동은 오랫동안 성문 밖 달동네로만 알려진 곳이었어요. 지금은 여러 나라 대사관이 들어서 있어 다른 동네에서는 보기 드문 성북동만의 느낌을 자아내지요. 게다가 여러 박물관과 미술관은 물론이고 많은 예술가의 흔적을 찾을 수 있는 곳이어서 사람들은 성북동을 '지붕 없는 박물관'이라 표현하기도 한답니다. 이제 성북동은 방문객들의 발길이 끊이지 않는 명소가 되었어요.

두 나라가 나란히 외치는 평화

오늘의 출발점은 지하철 4호선 한성대입구역이에요. 6번 출구로 나가면 담을 따라 늘어선 노점들이 보여요. 노점이 끝나는 곳쯤에 마을버스 정류장이 있고요. 버스를 타기 전에 잠깐! 뒤를 돌아보세

요. 정류장 뒤쪽 공간에서 누가 우리를 보고 있어요.

　무서워하지 마세요. 동상일 뿐이니까요. 가까이 가 보면 알겠지만 이 동상은 '평화의 소녀상'이에요. 그런데 다른 곳에 있는 소녀상들과 달리 여기에는 두 명의 소녀가 앉아 있어요. 잘 보면 이 둘은 생김새도 다르고 옷차림도 달라요. 한 명은 한복, 또 한 명은 중국 전통 의상인 치파오를 입고 있죠. 네, 중국인 소녀예요.

　왜 한국인 소녀와 중국인 소녀가 함께 있냐고요? 일본은 일제 강점기에 우리나라만 침략한 게 아니었어요. 한때 일본은 필리핀을 비롯한 동남아시아의 많은 나라들과 중국의 일부 지역, 멀리 오스트레일리아 북부 도시들까지 침략했답니다. 일본은 점령지 국민들을 남녀노소 가리지 않고 전쟁에 동원했어요. 그래서 위안부로 끌려간 소녀들은 국적이 다양했지요. 중국도 예외가 아니었고요. 그

한중 평화의 소녀상

렇기 때문에 일본군 '위안부' 문제와 관련해서는 중국과 우리나라가 피해 국가로서 입장이 같을 수밖에 없어요.

"먼 길을 돌고 돌아 친구를 찾아와 옆에 앉았습니다. 있던 자리에선 말을 못하고 숨죽여 왔습니다."

중국인 소녀상이 하는 말이 바닥에 새겨져 있네요. 이 중국인 소녀상은 중국의 예술가들이 힘을 모아 만들었어요. 소녀가 앉은 뒤쪽 바닥에 발자국 네 개가 보이죠? 실제 중국인 피해자 할머니의 발자국을 본뜬 것이라고 해요.

여기서 한 가지 생각해 볼 것이 있어요. 소녀상은 왜 '항의의 소녀상'이나 '일본의 사죄를 촉구하는 소녀상'이 아니라 '평화의 소녀상'일까요? 그건 전쟁으로 빚어진 비극이 원한과 복수로 반복되지 않아야 한다는 생각 때문이에요. 위안부 문제도 평화롭게 해결해야 하고, 앞으로 더는 이런 비극이 없어야 한다는 다짐인 거죠.

일본은 자신들의 잘못이 잊히기를 바랄 거예요. 그러나 성북동길을 따라 걷는 것만으로 우리는 그분들을 기억하는 행동을 하는 거랍니다.

아, 저기 마을버스가 오네요.

세계 최초, 세계 유일의 석조 유물 박물관

길이 몹시 가파르지요? 우리는 마을버스를 타고 가장 높은 곳에 있는 답사지까지 올라갈 거예요. 바로 우리옛돌박물관이죠. 세계에서 유일하게 돌로 된 유물만 전시하는 박물관이에요. 관람료가 좀

우리옛돌박물관 전경

비싸지만 아마 절대 아깝지 않을 거예요. 이 박물관은 한 기업가가 40년 동안 전국에서 모아들인 2,000여 점의 석조 유물을 전시하고 있어요. 게다가 김환기, 이상범, 강익중 같은 우리나라 유명 화가들의 그림 100여 점을 비롯해 도자기와 사진 등 수준 높은 예술가들의 작품을 두루 감상할 수 있어요.

보자마자 쿡쿡 웃음이 나는 전시물도 있어요. 바로 벅수예요. 돌로 만든 장승인 벅수는 주로 마을 어귀에 세워져 마을 사람들의 행복을 지키는 존재였어요. 우리 조상들은 사람 얼굴 모양의 벅수를 세워 두면 전염병을 옮기는 역신이나 잡귀가 마을로 들어오지 못하게 막을 수 있

벅수

우리옛돌박물관 야외 전시장

다고 믿었어요. 또 벅수에는 신비로운 힘이 있다고 믿었기 때문에 때로는 벅수에 대고 소원을 빌기도 했어요.

　전시실 중 벅수관에는 수십 개의 벅수가 있는데, 그중 단 하나도 같은 얼굴, 같은 표정이 없어요. 어떤 벅수는 코가 무지 크고 어떤 벅수는 눈이 엄청 도드라져 보여요. 마치 개성 넘치는 만화 캐릭터 같아요.

　여기에서는 3층 테라스의 경치를 꼭 봐야 해요. 성북동 꼭대기에 자리 잡은 만큼 성북동 전체가 시원하게 눈에 들어온답니다.

　실내 전시실을 모두 관람한 뒤 야외 전시장으로 나가면 거대한 석불상 하나를 만나게 돼요.

"이렇게 거대한 불상이 밖에서는 왜 안 보였을까요?"

"그러게 말이다. 선생님도 신기하구나. 숲속에 거인이 숨어 있는 것 같아."

소나무숲으로 이루어진 야외 전시장에서 신나게 뛰놀거나 나무와 돌의 향기를 맡으며 쉬었으면 이제 슬슬 다음 장소로 발을 옮겨 볼까요?

길상사에 숨겨진 사연
마을버스가 올라온 길을 따라 8분 정도만 내려가요. 인도가 따로 없기 때문에 지나가는 자동차를 조심해야 해요.
　여기는 길상사예요.

"절 같지가 않아요. 보통 절과는 분명히 다른데, 그게 뭔지 잘 모르겠어요."

"잘 봤어. 여긴 본래 절이 아니었단다. 술과 음식을 파는 요릿집이었지."

길상사는 '길상화'라는 한 여인에게서 따온 이름이에요. '길상화'는 절에서 받은 이름이고, 본명은 김영한이었어요. 뭔가 사연이 있

어 보이지요?

며칠 후, 난초처럼 말이 없는 친구가 놀러 왔기에 선뜻 그의 품에 분(난초 화분)을 안겨 주었다. (……) 이때부터 나는 하루 한 가지씩 버려야겠다고 스스로 다짐을 했다. 난을 통해 무소유의 의미 같은 걸 터득하게 됐다고나 할까.

위의 글은 우리나라 수필 작품 중 가장 유명한 법정스님의 「무소유」 끝부분이에요. 김영한은 어느 날 이 수필을 읽고 자기가 경영하던 천억 원대의 요릿집을 시주하기로 마음먹어요. 7년 뒤 이곳은 김영한의 소원대로 길상사라는 이름의 사찰로 탈바꿈했어요. 법정

길상사

　스님은 이곳을 시민들을 위한 절로 만들었어요.
　김영한이 '시인들의 시인'이라 불리는 백석의 연인이었다는 사실은 잘 알려진 이야기예요. 백석 시인과 김영한은 6·25전쟁이 일어나던 해부터 소식이 끊겨서 다시는 만나지 못했지만, 김영한은 평생 시인을 기다렸다고 해요.
　슬픈 사랑 이야기를 간직한 절 내부는 정갈하기가 이를 데 없어요. 절 안에 나 있는 오솔길이며 작은 시냇물을 따라 걸으면, 몇 바퀴를 돌아도 지루할 것 같지 않아요. 특히 눈이 소복이 쌓인 날 길상사를 방문하면 잊지 못할 기억으로 남을 거예요.
　천천히 산책하면서 김영한을 기리는 송덕비와 백석의 시비를 찾아보세요. 시비에 새겨진 작품 「나와 나타샤와 흰 당나귀」에 나오는 '나타샤'가 바로 김영한 씨일 거라고 생각하는 사람들이 많답니다.
　길상사는 어느덧 서울의 대표적인 부촌이 된 성북동 한가운데에 있지만, 지금도 무소유의 정신을 기리는 사람들이 끊임없이 찾아와요. 우리 시대의 공기 정화기 같은 곳이라고 할 수 있죠.

총독부를 쳐다보고 집을 지을 수 없다

한용운이 노년을 보낸 심우장은 대사관로를 따라가는 큰길에서 조금 올라가야 하는데, 앞길이 확 트여서 멀리서도 잘 보이기 때문에 찾기가 쉬워요. 그 앞 공터에는 한용운의 앉은 동상이 보일 거고요. 동상 옆에는 대표작 「님의 침묵」을 새긴 시비가 있어요.

한용운 시인이 존경받는 이유는 그의 시와 삶이 일치했기 때문이에요. 시인이면서 승려, 독립운동가로 활약한 한용운의 시에는 불교적인 세계관과 독립 사상이 모두 깃들어 있죠. 일제가 한글로 시를 쓰지 못하게 한 뒤에도 한용운은 줄곧 한글로만 시를 썼어요.

한용운은 아무리 친하게 지내던 친구라도 친일 행위를 하면 더는 만나지 않았어요. 어느 날, 변절한 친구 육당 최남선을 탑골공원에서 만났을 때예요.

"만해, 오랜만이올시다."

"누구시오?"

"나, 육당 아니오."

"육당이 누구시던가? 내가 아는 육당은 벌써 죽어서 장례를 치러 버렸소."

심우장은 한용운의 이런 강직한 성격이 그대로 반영된 집이에요. 우리나라에서는 집을 보통 남향으로 짓는데, 그는 집을 남향으로 지으면 조선총독부를 보게 된다며 굳이 여름에 덥고 겨울에 추운 북향집을 지었어요. 그리고 추운 겨울에도 불을 때지 않고 버텼다는 이야기가 전해 옵니다.

심우장

  한용운은 자신의 믿음과 현실이 맞설 때 절대 타협하지 않았어요. 그렇게 살기는 정말 어려운 일이지요. 안타깝게도 시인은 해방을 한 해 앞둔 1944년에 이곳에서 세상을 떠났어요.

  맑은 공기 속에서 성북동 산책을 마칠 즈음, 어떤 어른이 되어야 할지 한번쯤 생각해 보게 될지 몰라요. 또한 우리에게 절대 꺾을 수 없는 고집이 있다면 무엇을 위한 것이어야 하는지도요.

도봉산 자락에서 만나는
문학과 역사

 "선생님, 방학동은 여름 방학, 겨울 방학 할 때 방학이에요? 동네 이름이 참 좋은 것 같아요."

 "하하하, 선생님도 어릴 땐 그렇게 생각했어. 그렇지만 동네 이름에 '학'이 들어가면, 날아다니는 학을 가리킬 때가 많단다. 방학동도 학이 평화롭게 노니는 것을 보고 붙인 이름이야."

 방학동이 있는 도봉구는 서울의 가장 북쪽, 북한산과 도봉산 사이에 자리 잡았어요. 도봉구 곳곳에서 북한산과 도봉산의 웅장한 모습을 볼 수 있지요. 방학동은 이웃한 쌍문동과 함께 '쌍문역사산

책길'이라는 이름의 길로 둘러싸여 있어요. 오늘은 이 길의 일부분을 걸어 볼 거예요. 혹시라도 정말 학이 나타나는지 잘 살펴 가며 걸어 보세요, 하하.

"젊은 시인이여 기침을 하자"

왕이 다스리는 시대도 아닌데 국민들 위에 마치 왕처럼 군림하는 대통령을 독재자라고 해요. 1987년 민주화 운동이 일어나기 전까지 우리 역사에는 안타깝게도 그렇게 불리는 대통령이 많았어요. 그런 대통령이 있던 시기에는 사람들이 자주 거리와 광장에 모여 정부를 비판하는 시위를 벌였어요.

그런데 독재 정부는 시위대를 강제로 해산하려고 힘으로 위협했답니다. 경찰이 흔히 곤봉 따위를 휘두르며 시민들을 폭행하고 체포했어요. 시위대를 향해 총을 쏜 적도 여러 번 있었어요. 시위에 나선 사람은 물론이고, 말과 글로 정부를 비판한 지식인과 예술가들 또한 정보기관에 끌려가 모진 고초를 겪었어요. 그분들은 불공정한 재판을 받고 억울한 옥살이를 하거나 죽음을 당했어요.

그런 시대에 국민들의 고통은 일제 강점기와 크게 다르지 않았을지 몰라요. 정부를 비판하는 사람들이 심지어 죽음까지 당하는데, 누가 감히 끝까지 옳고 그름을 주장할 수 있었을까요? 하지만 그런 지식인과 예술가가 전혀 없진 않았어요. 그러니 이들을 일제 강점기에 활약한 독립운동가에 견주어도 틀린 말은 아닐 거예요.

지하철 4호선 쌍문역에서 마을버스를 타면 김수영문학관 앞까지

갈 수 있어요. 버스에서 내려 건너편을 보면 유난히 디자인이 세련된 건물 하나가 눈에 들어오죠? 바로 김수영문학관입니다. 뒤로 보이는 북한산 인수봉의 모습을 해치지 않게끔 연한 바위색을 띤 건물이에요.

도봉구에는 자유를 억압하는 독재 정부에 시로써 저항한 김수영 시인의 본가(부모님의 집)와 그의 묘가 있어요. 시인은 48세의 나이에 교통사고로 세상을 떠났지만, 우리나라를 대표하는 시인으로 여전히 많은 사랑을 받고 있지요. 우리나라 시인 156명에게 100년 동안 출간된 한국의 현대시집들 중 가장 큰 영향을 받은 작품이 무엇인지 묻는 조사에서, 김수영의 시집 『거대한 뿌리』가 2위에 오르기도 했어요. 여러분도 중고등학교에 가면 교과서에서 김수영 시인의 여러 작품을 만나게 된답니다.

김수영문학관

문학관에 들어서면 시인의 생애와 작품들을 두루 살펴보고, 벽에 붙여 놓은 나무 시어 조각들을 사용해 스스로 시를 지어 볼 수 있어요. 나무 조각들에 새겨진 시어는 김수영 시인이 평소 즐겨 쓴 단어들이에요.

시간이 넉넉하면 3층 옥상쉼터에도 올라가 보세요. 북한산이 올

김수영문학관 전시실

려다보이는 한적한 공간입니다. 이 풍경을 벗 삼아 시를 썼을 시인의 마음을 상상해 볼 수 있을 거예요.

> 기침을 하자.
> 젊은 시인이여 기침을 하자.
> 눈을 바라보며
> 밤새도록 고인 가슴의 가래라도
> 마음껏 뱉자.

 김수영 시인의 시 「눈」 가운데 일부예요. 어두운 시절, 마음 놓고 자기주장을 펼 수 없는 지식인들에게 시인은 용기를 주려 한 것 같아요. 그의 시를 읽다 보면 작은 용기가 생긴답니다. 여러분도 소리 내어 시를 낭송해 보라고 권하고 싶군요. 김수영문학관에서는 해마다 '김수영 시낭송대회'가 열려요. 용기를 내어 다음 대회에 참가해 보는 것은 어떨까요?

시를 사랑했던 폭군, 연산군

어제 묘에 찾아가 어머니를 뵙고
술잔 올리며 눈물로 자리를 흠뻑 적셨네
보고 싶은 간절한 마음은 그 끝이 없으니
어머니께서도 분명 이 정성을 돌보시겠지

돌아가신 어머니를 그리워하는 마음이 느껴지나요? 폭군으로 악명 높았던 연산군이 어머니의 묘를 찾아 쓴 시예요. 바로 이 그리움 때문에 연산군은 많은 신하들을 죽이고 폭정을 일삼았지요. 문학관 앞 작은 길로 들어서면 연산군의 묘를 만날 수 있어요. 독재 정부가 휘두르는 폭력에 저항했던 김수영 시인의 자취를 돌아보고 나서 조선 시대의 폭군을 만나니 기분이 이상하지요?

도봉구는 도성에서 비교적 멀지 않기 때문에 예부터 북한산 자락을 따라 왕실과 귀족들의 묘소가 많이 자리 잡았어요. 묘역 안에서

서울 연산군묘

가장 위쪽에 있는 것이 연산군의 묘입니다.

연산군은 정조나 세종처럼 '조'나 '종'이 아닌 '군'이라는 이름이 붙은 왕이에요. 임금 자리에 올랐지만, 정치를 제대로 못해서 반정으로 쫓겨났기 때문에 시호(임금이 죽은 뒤에 붙이는 이름)를 왕자에 해당하는 '군'으로 낮춰 부르는 거예요. 광해군도 같은 경우죠.

연산군은 19세인 1494년에 조선의 10대 왕이 되었어요. 그는 왕이 된 처음 몇 년 동안에는 개혁 정책을 많이 펼쳐서 백성들의 삶을 나아지게 하려 했지만, 자신을 낳아 준 어머니가 억울하게 죽었다는 사실을 알고 나서 폭군으로 변했어요. 신하들의 말을 듣지 않고 독재 정치를 한 거예요. 이 과정에서 어머니의 죽음과 관계된 많은 신하들과 선비들이 목숨을 잃었어요.

연산군은 아버지 성종의 두 후궁과 그 아들들, 그리고 병상에 누운 할머니 인수대비까지 어머니의 죽음에 관여했다는 이유로 죽였어요. 마침내 그는 백성들의 원성을 등에 업은 박원종 등에 의해 폐위되고, 이복동생(훗날의 중종)이 왕으로 즉위했어요. 그때 연산군의 나이는 31세였어요.

연산군은 강화도에서도 다시 배를 타고 들어가야 하는 외딴 섬 교동도에 유배된 뒤 그해 가을에 세상을 떠났어요. 아무 죄 없는 아들도 사약을 받고 죽지요. 지금 무덤은 7년 뒤 연산군의 아내 신 씨가 중종에게 무덤을 옮겨 달라고 간청하여 방학동으로 온 거예요. 묘의 모습도 역대 왕들이 묻힌 왕릉 형식을 따르지 않았어요. 폐위당한 왕은 왕으로 대접하지 않기 때문이지요.

불타는 나무와 마르지 않는 샘물

자, 이제 묘 옆에 조성된 아담한 공원으로 발길을 옮겨 볼까요?

이 공원의 주인공은 바로 아름드리 은행나무 한 그루와 그 앞에 낮게 엎드린 샘터예요. 샘물은 좁다란 물길을 따라 작은 연못으로 이어져요. 연못에는 갖가지 수생 식물이 자라고 있지요. 그리고 이런 풍경을 감상하기 좋은 '원당정'이라는 정자가 있어요.

이 거대한 은행나무는 나이가 무려 550살인데, 어떤 전문가는 870살이라 추정하기도 해요. 서울에 있는 어떤 은행나무보다 나이가 많아요. 나이만큼이나 크기도 정말 웅장하지요? 높이가 25미터, 둘레는 10.7미터나 된답니다. 가을에는 푸른 하늘까지 노랗게 물들일 기세로 펼쳐진 수천 수만 장의 은행잎을 볼 수 있겠죠?

방학동 은행나무

흥선대원군의 명으로 경복궁 중건 공사를 할 때였어요. 쓸 만한 나무를 구하러 다니던 사람들이 이 나무를 베어 내려 했어요. 그러자 소식을 듣고 달려온 마을 사람들이 다급하게 외쳤어요.

"안 됩니다요, 나으리! 이 나무는 강감찬 장군이 심은 것입니다. 이 나무는 수백 년 동안 마을의 안전을 지켜 주었을 뿐 아니라 나라에 큰일이 닥치면 불이 붙는다는 신령한 나무예요. 이 나무를 베었다가는 나라에 큰 난리가 닥칠지도 모릅니다요."

마을 사람들은 나무를 베려는 사람들을 막아섰어요. 그러고는 흥선대원군에게 간청했어요. 사정을 들은 흥선대원군은 이 나무를 베지 말라고 일렀죠. 강감찬 나무라 불리던 이 나무에는 그때부터 '대감나무'라는 또 다른 별명이 생겼어요. 이렇게 살아남은 나무이니 앞으로도 소중하게 잘 지켜 가야겠어요. 서울시 지정 보호수 1호였던 이 은행나무는 문화재적 가치를 인정받아 지금은 한 등급 높은 서울시 기념물이 되어 있어요.

은행나무 옆의 원당샘은 600년 전부터 이곳에 살았다는 파평 윤씨 집안이 만든 샘물이라고 해요. 놀랍게도 이 샘물은 지금도 마르지 않았거니와, 여전히 마시는 데 문제가 없다고 알려져 있어요. 여러분도 옆에 걸린 바가지에 떠서 한번 마셔 봐요. 수백 년 동안 마르지 않고 마을 사람들을 먹여 살린 소중한 샘물 맛이 어떤가요?

탐방을 마치기 전에 잠시 앞에서 소개한 두 편의 시를 생각해 봐요. 때때로 시는 사람들의 마음을 위로하지요. 연산군도 시를 씀으로써 위로받고 싶었을지 몰라요. 그러나 같은 시를 쓰더라도 자기

원당샘

만 위로하는 시와 많은 사람들에게 울림을 주는 시는 다르지요. 김수영의 시가 사람들에게 힘과 용기를 주었다면, 연산군의 어머니 사랑은 반대로 많은 사람들에게 고통을 주었으니까요.

여러분이 시인이라면 어떤 시를 쓰고 싶나요? 또 어떤 삶을 살고 싶은가요? 오늘의 탐방이 우리에게 던지는 물음이에요.

17
한국을 사랑한 파란 눈의 선교사들

"엄마, 우리 학교 원어민 영어 선생님 있잖아. 우리말을 엄청 잘하시더라!"

"그래? 한국에 온 지 얼마나 되셨다니?"

"10년쯤 되셨나 봐. 그리고 몇 년 전에 우리나라 사람이랑 결혼하셨대."

외국인이 우리나라에 삶의 터전을 잡고 우리와 어울려 사는 모습은 이제 주변에서 흔히 볼 수 있어요. 그런데 지금부터 150여 년 전 우리나라로 와서 살았던 몇몇 외국인의 삶은 그리 순탄치 않았어요. 그들은 기독교를 전파하기 위해 조선에 온 선교사들이었어요. 이곳 마포와 서강 일대에는 일찍이 조선을 찾아온 외국인 선교사들의 아름답고 슬픈 이야기가 흐르고 있답니다.

슬프고 거룩한 역사 여행, 절두산 순교성지

지하철 6호선 합정역에서 절두산 순교성지까지 걷는 길은 특이하게도 머리 위로 지하철 2호선이 지나다닙니다. 2호선은 당산역과 합정역 사이를 오갈 때 한강 위로 다니거든요. 걷다가 한강이 보이기 시작하면 다 온 것입니다. 널찍하게 펼쳐진 한강과 건너편 여의도의 빌딩 숲이 한꺼번에 눈에 들어올 거예요. 오늘 이야기는 한강에서 시작하지요.

'순교'란 자기가 믿는 종교 때문에 억압과 박해를 받다가 목숨을 잃는 일을 말해요. 그리고 그런 분들을 '순교자'라고 하지요. 이곳에는 수많은 순교자들의 이야기가 있어요. 여기가 성스러운 곳, 즉 성지가 된 이유는 바로 이 때문입니다.

절두산은 이곳의 본래 이름이 아니에요. '절두', 즉 사람의 머리를 자른다는 무시무시한 이름이 붙기 전에는 잠두봉이라고 했어요. 누에가 머리를 쳐들고 있는 모습과 닮았다 해서 붙은 이름이에요. 용머리라 해서 용두봉이라 부르기도 했고요.

한강 쪽에서 보면 절두산은 강물에 인접한 암벽으로, 높이가 20미터나 됩니다. 겸재 정선이 「양화환도」에 그렸을 만큼 풍광이 뛰어나 예부터 많은 풍류객과 문인들이 시를 짓고 뱃놀이를 즐겼다고 해요. 중국 사신들도 한 번쯤 꼭 와 보고 싶어 했다니, 얼마나 소문난 곳이었는지 짐작이 가지요? 그런 곳이 어쩌다 이렇게 무서운 이름을 얻었을까요?

1866년, 흥선대원군은 우리나라에 들어와 포교 활동을 하던 프랑스 선교사 12명 가운데 9명을 처형하고 국내 신도 8,000여 명을 학살합니다. 이것이 병인박해의 시작이었어요.

이때 가까스로 탈출에 성공한 리델 신부는 중국 톈진에 있던 프랑스 함대에 이 사실을 알렸어요. 프랑스 함대 지휘관 로즈 제독은 본국의 명령을 받아 '조선 정벌'에 나섭니다. 그는 먼저 군함 세 척을 이끌고 별 저항 없이 한강으로 진입해 양화진과 서강까지 거슬러 오르며 정찰 활동을 했습니다. 그리고 다음 달에 더 많은 병력과 무기를 싣고 돌아와 강화성을 한 달 동안 점령하고, 외규장각의 문화재를 약탈하는 등 만행을 저질렀어요. 이 사건을 병인양요라고 합니다.

대원군은 이때부터 천주교 탄압에 더욱 열을 올립니다. 척화비를

만들어 각지에 세운 것도 그 뒤의 일이지요. 대원군은 오페르트의 남연군묘 도굴 사건(1868년), 신미양요(1871년) 등 서양 세력의 침략 행위가 일어날 때마다 천주교인들이 그들과 내통한다면서 탄압했어요. 이 탄압과 학살은 6년 동안이나 계속됐어요.

"천주교 신자는 먼저 처형한 뒤에 보고하라."

"프랑스 함대가 양화나루까지 침입한 것은 천주교 때문이니, 서양 오랑캐로 더럽혀진 조선의 땅을 천주교 신자들의 피로 깨끗이 씻어야 한다."

대원군의 말이 곧 법이었던 시절, 잠두봉 일대에는 천주교인들의 비명과 통곡, 끔찍한 시신들과 그들의 슬픈 사연이 뒤엉켜 차마 눈 뜨고 볼 수 없는 광경이 펼쳐졌어요.

자기가 믿던 종교를 배반하고 신앙을 버리는 것을 '배교'라 해요.

절두산성지 성당

잠두봉 처형장에 끌려온 수많은 천주교 신자들은 배교를 강요당했지만 굴복하지 않고 죽음을 택했어요. 죽음 앞에서도 자기가 믿는 종교를 지키는 것은 얼마나 어려운 일일까요? 우리나라 천주교의 역사는 이렇게 슬프고도 거룩하게 시작되었답니다.

병인박해 100주년이 되던 1966년, 잠두봉 정상에는 1866년에 순교한 28명의 순교자를 기리는 기념관과 성당이 세워졌어요. 교황 요한 바오로 2세와 마더 테레사도 이곳을 방문한 적이 있답니다. 성당은 지은 지 50년이 넘었지만, 세련된 모습과 건축물에 녹아든 종교적·역사적 상징 덕분에 우리뿐 아니라 외국인 관광객들도 즐겨 찾는 명소예요. 그 속에 어떤 의미들이 깃들어 있는지 기념관 곳곳을 돌아보며 여러분이 직접 찾아보세요.

자, 이제 잠두봉을 등지고 내려와 당산철교 반대쪽에 있는 양화진 외국인선교사묘원으로 가 보겠습니다.

양화진의 또 다른 얼굴, 양화진 외국인선교사묘원

푸르게 펼쳐진 언덕이 아름답지요? 1894년 여름, 바로 이곳 양화진 언덕의 땅을 아주 싼값에 사서 여름 별장을 지은 미국인이 있었어요. (이곳 땅값이 왜 비싸지 않았는지는 여러분도 이제 알 수 있을 것 같네요.) 그는 우리나라에서 만나 결혼한 부인과 함께 즐거운 시절을 보냈다고 해요. 그는 우리말을 잘했고 대학교와 교회 건립에 앞장섰으며, 그의 부인은 명성황후의 주치의로 활동한 푸른 눈의 의사였어요.

양화진 외국인선교사묘원

그의 이름은 언더우드. 우리 식 이름은 원두우예요. 그와 부인, 아들, 손자 등 일가족 일곱 명이 선교사묘원에 안장되어 있어요.

여기는 이름 그대로 우리나라에 처음 개신교가 들어온 뒤 약 100여 년 동안 한국 교회와 우리나라의 근대화에 기여한 여러 선교사들이 잠든 곳이에요. 언더우드를 비롯해 그와 함께 성경을 우리말로 옮기는 데 힘쓴 아펜젤러, 언더우드의 부인이자 우리나라 최초의 서양식 병원인 광혜원의 책임자였던 릴리어스 호튼 언더우드, 고종의 밀사로 우리나라가 일제에서 독립하는 데 큰 역할을 했던 헐버트 등 외국인 선교사 145명이 그 주인공들입니다.

개신교 또한 한국에 정착할 무렵에는 전도 활동을 금지당하는 등 어려움을 겪었고 순교자도 있었어요. 일제 강점기에는 미국 세력을 끌어들인다거나 독립운동에 협력했다는 등의 이유로 일제로부터

많은 차별과 박해를 받기도 했지요.

어때요? 수많은 무덤이 언덕 한쪽을 가득 메우고 있는 풍경에 온몸이 오싹해지나요? 그런데 이곳을 찾는 사람들은 이국적인 묘역의 모습에서 평화로운 느낌을 받는다고들 해요.

묘역 바로 옆에는 한국기독교선교 100주년기념교회가 있어요. 매주 많은 교인들로 넘쳐나는 이 교회 덕분에, 그리고 이곳을 아끼는 많은 사람들 덕분에 이 묘역은 양화진의 아름다운 일부가 되어 가고 있답니다.

한 언덕에 성당과 교회가 나란히 서서 그들의 아픈 역사를 어루만지고 있는 모습은 여러 가지를 생각하게 합니다. 여러분은 여기서 무얼 느끼고 돌아갈까요?

두 사람의 만남, 두 학교의 만남, 연세대학교

양화진 외국인선교사묘원에 잠든 언더우드의 이야기를 조금 더 찾아봅시다. 이번에 들를 곳은 연세대학교 교정이에요.

연세대학교는 우리나라를 대표하는 대학교 중 하나라 할 수 있을 만큼 규모가 큽니다. 그런데 '연세'라는 이름이 두 학교 이름의 앞 글자를 딴 줄임말이라는 사실을 아는 사람은 드물 거예요.

부암동길 편에서 윤동주 시인의 이야기를 만나 봤지요? 그 윤동주 시인이 다닌 학교가 연희전문학교였어요. 언더우드가 세운 조선기독교대학이 이름을 바꾼 거예요.

우리나라에 살 때 언더우드는 캐나다 토론토에서 의사로 일하던

에이비슨이라는 사람의 초청을 받아 그가 몸담은 교회와 학교에서 강연한 적이 있어요. 그때 언더우드는 젊은 의사인 에이비슨에게 강한 인상을 받은 것 같아요.

"에이비슨, 내가 있는 조선에는 당신처럼 실력 있고 헌신적인 의사가 필요해요. 혹시 조선에 선교사로 가지 않겠소?"

"마침 우리 부부도 선교 활동에 관심이 있습니다. 선생님과 제가 이렇게 만난 걸 보니, 우리가 가야 할 곳은 조선이 확실한 듯하군요."

그 뒤 조선에 온 에이비슨은 제중원에서 의사로 일했어요. 그러다 철강 회사를 운영하던 세브란스의 기부금을 받아 세브란스병원을 세웁니다. 그는 세브란스병원을 국내 의료진을 길러 내는 학교로 발전시켰어요. 이렇게 탄생한 세브란스의학전문학교는 1908년

연세대학교 언더우드관

제1회 졸업생 7명에게 우리나라 최초의 의사 면허증을 발급했습니다.

이제 연세대학교가 어떤 두 학교의 줄임말인지 맞혀 보세요. 네, 맞아요. 바로 연희전문학교와 세브란스 의학전문학교의 첫 글자를 따서 만든 이름이에요. 에이비슨은 이 두 학교를 통합하려고 노력했지만, 일제가 방해한 탓에 해방 뒤인 1949년이 되어서야 통합됩니다. 드디어 연세대학교가 탄생한 것이죠.

윤동주 시인 기념관

에이비슨 부부는 1893년부터 42년 동안 한국에 머물면서 선교사, 의사, 교육자로 일하다 1935년에 캐나다로 돌아갔어요. 그의 뒤를 이어 아들 부부가 1920년에 의료 선교사로 한국에 왔고, 지금은 양화진 묘역에 잠들어 있답니다.

연세대학교 교문으로 들어서서 새로 단장한 길을 따라 끝까지 쭉 가면 정면에 담쟁이덩굴에 뒤덮인 유럽식 건물이 보여요. 이 고풍스러운 건물이 바로 언더우드를 기념하는 언더우드관이에요.

언더우드관을 등지고 오른쪽으로 보이는 낮은 언덕에는 윤동주 시인의 기념관이 자리하고 있어요. 전시하는 내용은 소박하지만, 시인의 모교에 있는 기념관이어서 다른 문학관과는 느낌이 사뭇 다

르지요. 시간이 된다면 함께 둘러보는 것도 좋겠어요. 단, 이 기념관은 미리 예약해야 볼 수 있답니다.

정문으로 돌아 나가는 길, 커다란 나무 지붕 건물(루스채플)에 가려서 잘 보이지 않는 나지막한 뜰이 있습니다. '연세 역사의 뜰'이라고 해요. 이 안에 있는 아담한 한옥 한 채가 선교사 알렌의 건의를 받아들여 고종이 만든 우리나라 최초의 서양식 국립 병원 광혜원(제중원)입니다. 지금은 '연세사료관'으로 쓰고 있어요. 안으로 들어가면 광혜원의 본래 모습을 모형으로 만들어 전시하고 있어요. 연세대학교는 이곳을 학교의 발상지이자 우리나라 현대 의학의 발상지로 매우 자랑스럽게 여긴답니다.

그리고 또 하나, 뜰에는 왕릉에서나 볼 수 있는 정자각이 한 채 있습니다. 바로 사도세자의 생모인 영빈 이 씨의 묘에 딸린 부속 건

광혜원

물이에요. 조금 전에 지나친 거대한 나무 지붕 건물 자리가 그의 묘였습니다. 지금은 경기도 고양시의 서오릉으로 옮겨 갔고, 본래의 정자각만 자리를 지키고 있는 거랍니다. 여기까지 봤으면 그야말로 연세대학교 역사의 모든 것을 다 본 셈이에요.

한때 조선에서는 외국인 선교사들이 아이들을 잡아먹는다는 소문이 도는 탓에 푸른 눈의 선교사들이 길에 지나다니기만 해도 위협하던 시절이 있었어요. 미사 때 사제가 포도주와 빵을 나누어 주며 "이것이 내 피며 내 살이라" 하던 기도 소리를 밖에서 듣고 생겨난 소문이었죠.

자기보다 힘없고 가난한 나라의 사람들이 좀 더 나은 삶을 살 수 있게 하는 것. 그리고 자신의 믿음을 전파하는 것. 이것이 당시 낯설기만 한 우리나라에 들어와 삶을 일구어 간 외국인 선교사들의 꿈이었을 겁니다. 이런 꿈을 품지 않았다면 그렇게 위험스럽고 어려운 일들을 다 해낼 수 있었을까요? 쉽지 않은 길을 선택했던 그들의 삶을 돌아보는 답사였습니다.

서대문

답사 코스

봉원사 `7024번` → 서대문독립공원(독립문, 3·1독립선언기념탑) → 서대문형무소역사관

18

서대문에서 만나는
독립의 함성

　서대문구는 조선 시대에 한양도성의 서쪽 바깥을 이루던 지역이에요. 이곳에는 높지는 않지만 산세가 좋은 안산(296미터)이 중심에 자리 잡고 있어요. 오늘 탐방할 봉원사, 독립공원, 서대문형무소역사관은 모두 안산 자락에 있어요.

　오늘 탐방은 889년 신라 시대 봉원사의 창건부터 1945년 해방까지, 약 천여 년에 걸친 시간 여행이 될 것입니다. 자, 그럼 서대문구 역사 기행을 시작해 보아요.

서울에서 가장 오래된 절, 봉원사

서대문구 역사 탐방은 천년 고찰 봉원사에서 시작합니다. 버스를 타고 오르막길을 가다가 종점에서 내리면 갑자기 시골에 온 듯한

기분이 들 거예요. 안산 아래 작은 마을 봉원동이에요.

"이름이 봉원동인 걸 보면 이 동네에서는 봉원사가 제일 중요한가 봐요?"

"맞아. 봉원동에는 봉원사 스님이나 가족들이 많이 살고 있어. 안산 아래여서 공기가 맑고 경치가 좋아. 산을 조금만 오르면 말바위, 부침바위, 매바위, 버선바위, 송장바위, 관음바위 등 특이한 바위도 찾아볼 수 있지."

봉원사 가는 길은 쉬워요. 봉원동 어느 길로 가든 위로 올라가면 다 만나게 되거든요. 버스 정류장에서 10분이면 충분하죠. 이정표를 따라 골목골목 오르다 보면 멋진 절이 갑자기 나타납니다.

봉원사는 신라 진성여왕 때(889년) 지금의 연세대학교 자리에 창건되었다고 전해져요. 고려 말 공민왕 때 보우라는 큰스님이 이곳에 머무르면서 봉원사는 온 나라에 이름을 떨쳤어요. 조선을 세운 태조 이성계는 보우 스님을 존경해 스스로 "나는 보우 스님의 제자다."라고 말할 정도였죠. 그래서 태조 이성계의 어진(초상화)을 이곳에 모셨고, 역대 조선의 왕과 신하들은 봉원사를 특별한 절로 여겼어요. 그런데 임진왜란으로 절이 모두 불타 버려서 영조 때(1748년) 지금의 자리에 다시 지었답니다.

봉원사에는 왕실의 이러한 관심을 알 수 있는 역사의 흔적이 많

아요. 그중에서 세 가지를 꼭 찾아보도록 하세요.

첫 번째는 영조의 글씨입니다. 영조는 절을 이곳으로 옮길 때 '봉원사(奉元寺)'라는 현판을 직접 써서 선물했어요. 두 번째도 글씨예요. 조선 건국의 일등 공신 정도전이 썼다는 '명부전(冥府殿)' 현판도 찾아보세요. 찾았나요? 그럼 이번에는 조선 말 총리대신이자 나라를 일본에 넘긴 을사오적의 우두머리 이완용의 글씨입니다. 명부전 기둥에 세로로 쓴 한문이 보이나요? 이 주련이 이완용의 글씨라고 해요. 조선을 세운 정도전과 조선을 망하게 한 이완용의 글씨가

◀봉원사 현판

명부전 현판과 주련▶

한글학회 창립 기념비와 미륵전

한 건물에 같이 있어요. 참 기가 막힌 운명이라고나 할까요? 여러분은 어떤 느낌이 드는지 궁금해요.

이 밖에도 여러분이 확인해야 할 중요한 것이 두 가지 더 있어요. 첫 번째는 한글학회 창립 기념비입니다. 1908년 8월 31일 봉원사에서 주시경 선생의 제자들이 모여 우리말과 우리글을 연구하고 교육하기 위해 국어연구학회(한글학회)를 창립했답니다. 일제 강점기에도 우리의 한글을 지켜 낸 분들을 생각하며 기념비를 찾아보는 것은 정말 뜻깊은 일이지요.

두 번째는 이동인 선사의 본수인상이에요. 손가락 모양의 비석이니 금방 찾을 수 있을 거예요. 이동인 선사는 김옥균, 박영효, 서광범, 서재필 등 개화파의 스승이었어요. 나라가 살아남으려면 새로

운 문화에 눈떠야 한다고 주장한, 시대를 앞서간 스님이에요.

개화파 세력은 1884년 개혁에 반대하는 대신들을 죽이고 권력을 잡았어요. 급격한 개혁을 시도해 하루빨리 조선을 바꾸고 싶어 했죠. 이를 갑신정변이라고 해요. 그러나 청나라의 간섭 때문에 실패로 끝나 버렸어요. 정변을 이끈 개화파의 인물들은 일본으로 도망치거나 죽음을 당했죠.

사실 개화파는 자신들만이 옳다고 생각했어요. 일본의 도움을 받으면 성공할 수 있고, 무식한 백성들의 지지는 필요 없다고 말이에요. 세상은 몇몇 사람이 바꾸는 것이 아니라 백성들의 지지와 힘을 모아야 바꿀 수 있다는 사실을 몰랐던 거죠. 다행히 살아남은 서재필은 세상을 바꾸는 것은 백성들이라고 믿게 되었고, 훗날 독립협

이동인 선사 본수인상

회를 만들어 조선의 변화를 꿈꾸었어요.

그럼 서재필을 만나러 독립공원으로 가 볼게요. 다시 버스를 타고 이동해 봐요.

백성의 힘으로 독립을 이루자!

버스 창밖으로 보이는 독립문이 두 번째 탐방을 시작하는 곳이에요. 버스에서 내려 독립문 앞으로 가 보아요. 한글로 '독립문'이라 쓰인 곳 앞에 서 보세요. 앞쪽에 사거리와 고가 도로가 보이죠? 본래 독립문 자리는 70미터쯤 앞쪽이었는데, 고가 도로 공사 때문에 이곳으로 옮겨졌어요. 거리 한가운데에 위풍당당하게 서 있었을 독립문을 상상해 보세요.

갑신정변이 실패하자 청나라는 더 심하게 간섭했어요. 정치, 외교 등 조선 정부가 해야 할 일에 사사건건 끼어들었지요. 1897년, 독립협회는 청나라의 간섭을 물리치고 당당한 독립국이 되자는 뜻을 담아 이곳에 독립문을 세웠어요. 왕실과 관리, 백성들의 기부금을 모아서 만들었죠.

놀라운 사실은 그때 가장 열심히 참여한 사람이 이완용이었다는 점이에요. '독립문' 한글 글씨도 이완용이 쓴 거예요. 이해가 안 된다고요? 이완용은 기회주의자라 불려요. 정말 의로운 뜻이 있어서 참여하기보다는 힘 있는 편에 서기를 좋아했죠. 독립협회가 인기를 얻고 점점 힘이 세어지자 그편에 섰던 것뿐이에요.

그런데 왜 하필 여기에 독립문을 세웠을까요?

영은문

독립문 앞에 있는 돌기둥 두 개가 보이나요? 두 개의 돌기둥은 청나라 사신을 맞이하던 영은문의 기둥을 받치던 주춧돌이었어요. 중국 북경(베이징)에서 출발한 사신은 영은문을 거쳐 도성으로 들어갔지요. 그 영은문을 없앤 자리에 독립문을 만들었어요. 더는 청나라에 고개 숙이지 않겠다는 뜻이었죠.

서재필, 이승만이 중심이 된 독립협회는 수많은 백성의 지지를 받았어요. 청나라 사신이 머물던 모화관을 독립관으로 바꾸고 사람들을 모아 강연을 했어요. 조선의 앞날을 위해 민주주의, 민권 등 서양 사상을 널리 퍼뜨렸어요. 잘못된 정치를 바로잡고 외세의 부당한 간섭을 막아야 한다고 목소리를 높였어요. 독립문과 독립관 앞은 새로운 것을 배우려는 사람들로 늘 북적였어요. 이런 역사가 담긴 자리에 서재필 박사의 동상이 서 있어요.

 "서재필 박사가 오른손에 뭔가를 들고 있어요."

"최초의 한글 신문인 『독립신문』이야. 『독립신문』은 주시경 선생의 요청으로 한글 띄어쓰기를 처음 시도한 신문이기도 해."

독립문과 독립관, 서재필 동상을 보았으면 이번에는 3·1독립선언기념탑으로 가 봐요. 이 탑은 3·1운동이 처음 일어난 탑골공원에

독립문

3·1독립선언기념탑

있었는데, 오랫동안 방치되어 있던 것을 1992년에 이곳으로 옮겨 왔어요. 3·1운동을 이끈 33인 대표들의 이름과 「독립선언서」가 새겨져 있어요. 내용이 길고 어렵지만 찬찬히 읽어 보면서 그때의 마음을 느껴 보세요.

   1910년 나라를 일제에 빼앗긴 뒤 10년쯤 지나자 모든 이들의 마음은 하나였어요. 아무리 일제가 무서워도 반드시 나라를 되찾아야겠다고 다짐했죠. 이 다짐은 드디어 1919년 3·1 만세 운동이 되어 세상을 놀라게 했어요. 3·1운동은 대한민국 임시정부의 수립으로 이어지면서 본격적인 독립운동이 시작되었답니다.

   「독립선언서」를 다 읽었으면 이제 서대문형무소로 가 볼게요. 참, 혼동하지 마세요. 독립문의 '독립'이 청나라의 간섭에서 벗어나기

위한 독립이라면, 3·1독립선언기념탑의 '독립'은 일제에서 독립하겠다는 뜻이라는 점을요.

독립운동가들의 의지가 서린 서대문형무소역사관

붉은 벽돌 담장에 육중한 철문. 서대문형무소 입구입니다. 우리는 입장권을 사고 쉽게 들어가지만, 독립운동가들에게 이 문은 죽음의 문으로 통했어요. 실제로 독립을 보지 못하고 형무소에서 돌아가신 분이 정말 많아요. 3·1운동의 유관순, 의병장 허위·이강년, 조선 젊은이의 기개를 보여 준 이재명, 일본 총독에게 폭탄을 던진 강우규 등 400여 분이 넘어요. 도산 안창호 선생처럼 형무소에서 얻은 병을 이기지 못하고 돌아가신 분은 헤아릴 수도 없을 정도예요.

서대문형무소역사관 전경

◀ 유관순의 수형기록표

  이토록 악명 높았던 서대문형무소는 해방 이후에도 계속 형무소로 쓰이다가 1998년에 역사관으로 다시 태어났어요. 자, 이제 서대문형무소역사관을 둘러보도록 해요.

  안으로 들어서면 바로 앞에 건물이 보일 거예요. 형무소 전체를 관리하던 중앙사입니다. 중앙사는 지하와 1, 2층으로 되어 있어요. 1, 2층은 역사전시관으로 꾸몄고, 지하에는 무시무시한 고문실의 모습을 재현해 두었어요.

  특히 2층에서는 일제에 맞선 의병의 활약과 독립운동가들의 이야기를 전시해요. 형무소에 갇힌 분들의 수형 기록표를 모아 둔 방에서는 한 분 한 분 이름을 부르며 눈을 마주쳐 보세요. 그리고 역사에 이름이 남지는 않았지만 이렇게나 많은 분들이 조국의 독립을 위해 싸우셨다는 사실을 잊지 마세요. 천천히 살피다 보면 유관순, 안창호 같은 익숙한 분들도 만날 수 있을 거예요.

  전시실은 지하 고문실로 이어져요. 고문실은 사람이 사람에게 얼

옥사 내부

마나 잔인할 수 있었는지, 슬픔과 비극의 시간을 알려 줍니다. 독립운동가들의 증언 영상실에도 가서 이병희, 이규창 지사의 이야기를 들어 보세요. 고문의 시간을 떠올리며 괴로워하시지만, 그래도 목숨을 내놓지 않고 어찌 독립운동을 하겠느냐며 당당히 말씀하시는 모습을 볼 수 있어요.

그럼 이제 밖으로 나가 볼까요?

지하를 나서면서 만나는 햇살이 다르게 느껴지지 않나요? 고문 끝에 간신히 목숨은 건졌어도 다시 차가운 감방으로 들어가야 했다는 것을 기억하며 옥사로 들어가 봐요. 옥사는 한눈에 감시하기 좋게끔 만들어졌어요. 부채꼴 모양으로 배치되어, 가운데에 서면 모든 옥사가 다 보이는 구조예요.

감방은 여름에는 찜통이고 겨울에는 온기 하나 없이 차디찬 공간이에요. 이 좁은 곳에 많게는 30여 명이 갇혀 있었다고 해요. 일제 강점기가 되자 갑자기 사람들이 변해서 범죄자가 많이 생긴 걸까요? 형무소가 수형자로 가득했다는 것은 그만큼 일제에 저항한 사람이 많았다는 증거이기도 하죠.

형무소는 최소한의 사람다운 생활도 할 수 없을 만큼 힘들고 배고픈 곳이었어요. 비참한 형무소 생활이 더 궁금해졌다면 김구 선생이나 심훈 선생의 형무소 생활 이야기를 읽어 보세요. 그리고 여러 가지 크기의 밥 찍는 틀도 살펴보세요. 형량과 노역의 강도에 따라 밥의 양을 다르게 주기 위한 것인데 그나마도 지켜지지 않아 밥이 무척 적었고, 모래나 돌이 섞인 경우가 많아 허겁지겁 밥을 먹다가 이가 부러지기도 했대요. 그렇지만 독립운동가들은 지옥 같은 생활 속에서도 간수의 눈을 피해 벽을 두드려 서로 얘기를 나누며 독립의 의지를 잃지 않았다고 해요.

형무소는 갇혀만 있는 곳은 아니에요. 여러분이 날마다 학교에 가듯 형무소 안에 있는 공장으로 가서 매일 일했어요. 그곳이 바로 공작사예요. 공작사에서는 벽돌을 비롯해 전쟁에 필요한 여러 가지 물건을 만들었어요. 공작사를 나서면 계단 위로 작은 건물이 보여요. 한센병 환자들을 격리하던 한센병사예요. 여기에 갇히면 죽은 것과 다를 바 없었어요. 치료는 꿈도 꿀 수 없었죠.

"저 건물은 부채 모양이네요. 뭐 하는 곳이에요?"

215

한센병사

 "격벽장이야. 운동하는 시설이라고 할까? 줄을 지어서 벽을 따라 걷는 곳이지. 간수들이 한눈에 감시하기 편하게 만들어졌어. 독립운동가들이 운동하다가 삼삼오오 모여서 이야기라도 나누지 않을까 걱정한 일제가 이런 특이한 운동 시설을 만들었단다."

이번에는 사형장으로 가 봐요. 사형장은 형무소 안에서 가장 깊숙한 곳에 있어요. 커다란 미루나무와 하얀 벽돌 건물이 보이나요? 400여 분의 독립운동가가 돌아가신 비극의 장소예요. 그분들이 사형장으로 들어가시기 전 미루나무 밑동을 잡고 통곡을 하셨대요. 그래서 '통곡의 미루나무'라는 별명이 붙었어요. 신기한 것은 미루나무도 그 마음을 알았는지 밑동의 일부를 내주어 손으로 잡기 좋

은 형태로 변했답니다. 여기에서 돌아가신 분의 유해는 시구문을 통해 밖으로 버려졌다고 해요. 일제가 흔적을 없앴지만 다시 찾아내 복원해 두었어요. 독립을 위해 싸우다 돌아가신 분들의 최후가 너무도 쓸쓸해 많은 사람들이 가슴 아파하는 자리랍니다.

끝으로 여성 옥사로 가 봐요. 여성 옥사는 유관순이 순국한 곳이기도 하죠. 시구문과 마찬가지로 사라졌던 것을 복원했습니다. 우리는 흔히 3·1운동 하면 유관순을 떠올립니다. 유관순

여옥사

열사도 감옥에서 돌아가셨고, 유관순의 가족도 모두 만세 운동으로 죽거나 감옥에 갇혔으니 3·1운동의 상징이 될 만하지요. 그렇지만 유관순만 기억하는 것은 옳지 않아요. 수많은 분들이 유관순처럼 독립을 위해 나섰다는 사실을 잊지 말았으면 해요. 여성 옥사에는 여성 독립운동가들의 이야기가 가득하니 한 분 한 분 기억하기를 바랍니다.

여성 옥사까지 둘러봄으로써 서대문형무소역사관 기행이 모두 끝났습니다. 기분이 어떤가요? 많은 분들이 다치고 돌아가신 곳이라 마음이 많이 아팠나요? 아니면 비참한 형무소 생활과 무시무시한 고문실을 보니 무서워졌나요?

주변을 한번 둘러보세요. 아파트가 많죠? 서대문 방향으로 보면 전통 시장(영천시장)도 있어요. 안산 자락에 학교가 보이나요? 대한

민국임시정부기념관으로 탈바꿈 중인 서대문구의회는요? 군부대도 보일 거예요. 학교에서 우리말과 우리글로 배우고, 우리 손으로 대표를 뽑고, 우리 힘으로 나라를 지키고, 시장에서 반찬거리를 사서 가족들이 도란도란 이야기꽃을 피우며 밥을 먹는 모습이 서대문형무소를 둘러싸고 있어요. 그분들이 바랐던 세상이 이루어진 거예요. 이날을 위해 목숨을 던진 고마운 우리 독립운동가들을 잊지 않는다면 오늘 역사 기행은 100점이에요.

용산 ①

답사 코스

효창공원앞역 ❷ 출구 → 김세중미술관 → 효창공원(백범김구기념관, 삼의사묘역) → 삼각지역 ⓫ ⓬ 출구 → 전쟁기념관 → 한강진역 ❶ 출구 → 삼성미술관 리움

19
박물관으로 떠나는 용산 기행 1

 "서울의 중심은 어디일까?"

 "종로 아닌가요? 옛날부터 가장 번화하고 문화유산도 많잖아요."

 "맞아, 조선 시대에는 종로가 서울의 중심이었어. 그렇지만 서울은 그때보다 훨씬 커졌지. 지금은 25개 구 중에서 용산구가 서울의 한가운데에 위치한단다."

서울 지도를 펼쳐 놓고 보면 용산구는 정확히 서울의 중심이에요. 북쪽으로는 남산, 남쪽으로는 한강에 둘러싸여 경치가 좋고 교

통이 편리한 곳이지요. 서울 남쪽에서 한강을 건너 종로와 경복궁으로 가려면 반드시 용산을 지나야 했어요.

개항 후 우리나라에 들어온 외국인들은 용산의 지리적인 중요성을 일찌감치 파악했어요. 일제 강점기에는 일본 군대가 주둔했고 6·25전쟁 뒤에는 주한 미군이 머물렀어요. 자연스레 일본인 마을과 이태원의 미군 상가들이 생겨났답니다. 특히 이태원은 서울에서 세계 여러 나라의 음식과 문화를 접할 수 있는 공간으로 바뀌었어요. 우리나라 최초의 이슬람 사원도 이곳에 있어요.

그런데 요즘 용산의 모습이 크게 바뀌고 있어요. 이태원 주변에는 크고 작은 박물관과 미술관들이 생겼고, 미군부대가 평택으로 떠난 뒤 남은 땅에는 국립중앙박물관, 한글박물관에 이어 새로운 박물관이 들어설 예정이라고 하니 바야흐로 '용산 뮤지엄 시대'가 열렸지요.

이번과 다음번에는 용산의 예술과 문화, 그리고 역사를 느낄 수 있는 박물관 탐방을 떠날 거예요. 먼저 지하철 6호선을 따라 다양한 빛깔의 박물관을 만나 보도록 해요. 자, 출발!

효창공원역에 숨어 있는 예술 공간, 김세중미술관

용산의 중앙을 동서로 가로지르는 지하철 6호선은 역마다 미술관, 박물관을 만날 수 있다고 해도 과언이 아닐 만큼 볼거리가 많아요. 먼저 효창공원역으로 가 봐요. 효창공원역 2번 출구로 나와서 효창원로를 따라 조금만 올라가면 저 앞에 높다란 경기장 전광등이 보

김세중미술관

이고, 그 아래로 공원이 보일 거예요.

여기서 잠깐 오른편으로 도로명 주소 표지판을 살피면 '효창원로 70길'이 보일 거예요. 그냥 지나치면 후회할 아름다운 미술관이 골목 안에 숨어 있어요. 골목을 따라 죽 올라가 보세요. '김세중미술관, 예술의기쁨'이라는 글씨가 보이나요? 잘 찾았어요.

이곳 김세중미술관은 광화문 이순신 동상을 만든 김세중 조각가와 시인 김남조 부부의 집이에요. 1955년부터 살던 집을 개조해 문화 공간으로 쓰고 있어요. 김남조 시인의 말처럼 "한쪽에서는 늘 조각전이 열리고, 다른 쪽에서는 시와 음악이 흐르는 따뜻한 공간"이지요. 어린이들은 언제나 환영이라니 꼭 들렀다 가기를 바라요.

삼의사묘역

대한민국 임시정부의 숨결을 느낄 수 있는 효창공원과 백범기념관

자, 그럼 다시 효창원로를 따라 효창공원으로 가겠습니다. 효창공원은 여느 공원과 마찬가지로 시민들의 휴식 공간이지만 특별한 의미가 깃든 공원이에요.

입구로 들어가 왼쪽으로 가 보세요. 저 멀리 묘의 봉분들이 보이나요? 공원에 웬 무덤일까 싶겠지만, 가까이 올라가면 낯익은 이름을 만날 수 있어요. 여기에 모신 분들은 한인애국단 단원 이봉창 의사와 윤봉길 의사, 나머지 한 분은 흑색공포단 단원 백정기 의사예요. 해방 후에 김구 선생이 버려진 유해를 모두 찾아서 이곳에다 모셨죠.

 "그런데 맨 왼쪽에 묘지석이 없는 묘 하나가 더 있네요. 누구 묘인가요?"

 "저 묘는 시신이 없는 가묘란다. 훗날이라도 안중근 의사의 유해를 찾으면 모셔오려고 만들어 뒀는데, 끝내 찾지 못해 가묘로 남아 있는 거야. 뤼순감옥 주변이나 일본 어디에 있을 것으로 짐작한단다. 하루빨리 안중근 의사의 유해가 돌아오면 좋겠구나."

효창공원에 앞의 세 분만 있는 것은 아니에요. 언덕 너머에는 대한민국 임시정부 주석이었던 이동녕, 군사부장 조성환, 비서부장 차리석의 묘소가 있어요. 그리고 김구 선생도 이곳에 잠들어 계세요. 효창공원이 왜 특별한 곳인지 잘 알겠죠? 시간이 걸리더라도 모두 찾아뵈면 좋겠어요.

이제 효창공원 바로 옆에 있는 백범김구기념관으로 가 봐요. 김구 선생의 이야기가 가득한 곳입니다. 장난꾸러기 어린 시절 이야기부터 나라와 민족을 생각하는 젊은이로 거듭난 사건, 대한민국 임시정부 시절의 활약과 해방 후에

백범김구기념관

통일을 위해서 애쓴 이야기를 만날 수 있어요. 이 모든 이야기의 바탕이 『백범일지』라는 책이니 탐방을 마치고 꼭 읽어 보세요.

기념관에는 김구 선생이 안두희의 총탄에 돌아가실 때 입었던 피 묻은 옷과 데드마스크가 전시되어 있어요. 당시의 모습을 가슴 절절히 느낄 수 있지요. 누구보다 치열하게 일제와 싸우면서도 우리나라가 언젠가는 문화 강국이 되길 바라던 김구 선생을 기억하며 다음 박물관으로 이동해 볼게요.

전쟁으로 본 우리 역사, 전쟁기념관

전쟁기념관은 무척 커서 시간을 여유 있게 마련해서 둘러봐야 해요. 자, 그럼 들어가 볼까요?

전쟁기념관 마당을 보세요. 힘차게 나부끼는 깃발은 6·25전쟁에 파견된 유엔군의 각 나라별 깃발과 국군 각 부대의 깃발입니다. 벽에는 6·25전쟁 때 돌아가신 국군과 경찰의 이름이 한 사람 한 사람 모두 적혀 있어요. 앞으로도 영원히 잊지 않겠다는 뜻을 담았지요.

 "우아! 저기에 비행기와 전차, 헬리콥터가 있어요."

 "전쟁기념관 야외에는 은퇴한 무기들을 전시하고 있어. 오랫동안 대한민국을 지켜 온 무기들이어서 고철로 버리지 않고 이렇게 보존해서 공개하는 거란다. 무기는 적을 공격하기에 앞서 평화를 지키기 위한 수단이라는 점을 잊지 말고."

비행기, 전차는 실내전시실을 다 보고 나서 직접 올라가 보세요. 우선 지하전시실로 들어가 볼게요. 복도 가운데에 거북선 모형이 보이나요? 여기는 역사 속 전쟁을 모두 만날 수 있는 곳이에요. 가깝게는 6·25전쟁, 멀게는 임진왜란·귀주대첩·살수대첩 등, 우리 역사 속 전쟁을 이곳 전쟁기념관에서 다 살펴볼 수 있어요.

먼저 낯익은 이름의 동상이 여러분을 맞이합니다. 을지문덕, 강감찬, 서희 등 교과서에 나오는 인물들의 얼굴을 조각해 두었네요. 전시실에는 고구려의 살수대첩과 안시성 전투, 백제의 황산벌 전투, 신라의 매소성 전투, 고려 시대 북방 민족의 침입, 조선 시대의 임진왜란 등 쟁쟁한 전투를 모형과 영상으로 실감 나게 보여 줍니다. 특히 임진왜란 때 이순신 장군의 활약은 가장 멋진 영상으로 볼

전쟁기념관

수 있어요.

특별한 무기도 많아요. 그중 임진왜란 때 일본이 가장 무서워한 '신기전 화차'와 '비격진천뢰'를 찾아보세요. 이순신 장군이 바다에서 부하 장수들을 부를 때 사용한 '초요기'도 찾아보고요. 북두칠성이 그려진 깃발이에요. 대한제국 시절의 군복과 광복군의 무기도 놓치지 마세요. 전쟁기념관은 우리나라 5천 년 전쟁의 역사를 한눈에 살필 수 있는 유일한 곳이에요.

이제 1층으로 올라가 봐요.

1층은 추모 공간이자 6·25전쟁의 이야기를 전시하는 곳이에요. 한반도에서 전쟁은 끝난 것 같지만, 정확하게 말하면 전쟁을 잠시 멈춘 휴전 상태예요. 대한민국과 북한은 여전히 긴장 상태에 놓여 있지요.

2층에 올라가면 세계 평화를 지키기 위해 전 세계 분쟁 지역으로 파병된 우리 국군의 활약을 볼 수 있어요. 군인들이 총을 들고 싸우기만 하는 것은 아니에요. 파괴된 집과 학교를 다시 지어 일상생활을 하게 하고, 병원을 세워 아픈 이들을 돌보는 역할도 한답니다. 분쟁 지역 아이들이 몸과 마음을 튼튼히 해서 희망을 잃지 않게 태권도를 가르치는 것도 국군의 임무예요.

전쟁은 게임을 하듯 승리를 즐기고 스트레스를 푸는 것이 아니에요. 무시무시한 무기는 군인과 어린이를 가리지 않아요. 전쟁이 일어나는 순간 수많은 사람들이 죽고 다칠 뿐 아니라, 환경이 크게 오염되고 경제가 파괴되어 모두가 슬프고 비참해집니다. 위기에 빠

진 나라를 지키는 힘과 마음도 중요하지만, 그보다 더 중요한 것은 전쟁이 일어나지 않게 평화를 지키는 거예요. 전쟁기념관은 전쟁을 통해 평화의 소중함을 전하는 곳이랍니다.

자, 이제 마지막으로 한강진역으로 가 보아요.

명품 문화재의 보물 창고, 리움미술관

한강진역 1번 출구로 나오면 '이태원로55길'이 보일 거예요. 이 길을 조금만 걸으면 리움미술관이 나와요. 리움미술관은 삼성에서 만든 미술관입니다. 찬란한 우리 문화유산 120여 점을 전시하는 '뮤지엄 1', 우리나라를 대표하는 근현대 미술 작품과 해외 작가들의 작품을 함께 전시하는 '뮤지엄 2'로 구성되어 있어요. 리움미술관은 성북동의 간송미술관, 신림동의 호림박물관과 함께 우리나라 3대 사립 박물관으로 손꼽히는 곳이에요. 박물관 기행에서 빼놓을 수 없는 곳이죠.

"리움은 미술관이잖아요? 그런데 3대 박물관에 속한다니, 어째서 그렇죠?"

"미술관은 '미술 박물관'의 줄임말이야. 역사적인 그림이나 조각 등 주로 미술품을 보존하고 전시하는 곳을 미술관이라고 해. 따라서 우리 옛 유물을 함께 전시하는 리움은 미술관이라고 해도 좋고 박물관이라고 해도 상관없단다."

리움미술관

그럼 리움에서는 무엇을 보면 좋을까요? 리움은 우리나라에서 국립중앙박물관 다음으로 국보 문화재가 많은 곳이에요. 무려 40여 점이나 돼요. 달리 말하자면 국보급 문화재를 한 장소에서 만날 수 있는 곳이기도 하죠.

1층에서는 불교 미술품과 금속 공예 작품을 전시해요. 그중 여러분이 꼭 봐야 할 것이 있어요. 바로 우리나라에 하나밖에 없는 가야 금관이에요. 현재 우리나라와 일본에 한 점씩 있다고 해요. 신라 금관과 어떻게 다른지 꼼꼼히 관찰해 보세요. 그리고 세계 최고의 불화라고 하면 고려의 불화를 손꼽는데, 우리나라에 10여 점이 있어요. 그 가운데 몇 점이 여기에 있으니 고려 불화를 찾아서 고려인들

의 섬세한 붓놀림을 감상해 보세요.

2층에서는 국보는 아니지만 우리나라 최고 화가들의 작품을 감상할 수 있어요. 겸재 정선, 단원 김홍도, 추사 김정희, 오원 장승업 등 조선 후기를 대표하는 화가들의 그림이 모여 있답니다.

3층과 4층은 도자기 전시실로, 리움에서 국보와 보물 문화재가 가장 많은 곳이에요. 국립중앙박물관의 도자기와는 사뭇 느낌이 다른 도자기가 많아요. 눈여겨보았다가 다음번 국립중앙박물관 탐방 때 비교해 보세요.

어떤가요? 오늘 미술관, 박물관, 기념관에 다니느라 많이 피곤하죠? 그래도 박물관은 언제나 새로움을 느끼게 하는 작품들이 많아서 자주 갈수록 좋은 곳이에요. 하나의 작품을 이렇게도 보고 저렇게도 감상하다 보면 여러분의 안목이 꽤 높아져 있을 거예요.

고생 많았습니다. 두 번째 용산 박물관 탐방도 기대하세요. 안녕.

용산 ②

답사 코스

이촌역 ❷ 출구 ➡ 국립중앙박물관

용산공원* 예정지
(옛 용산미군기지)

삼각지 ④⑥
녹사평 ⑥
신용산 ④

전쟁기념관
국방부

국립중앙박물관

이촌
국립한글박물관
서빙고
용산가족공원

강변북로

한강대교

한강

*용산공원 2018년 6월 29일 용산의 미군기지가 경기도 평택으로 이전했다. 앞으로 이 자리에 국가 공원인 용산공원이 들어설 계획이다.

박물관으로
떠나는 용산 기행 2

"벌써 마지막 서울 탐방이네요. 처음 시작할 때는 언제 다 가 보나 했는데, 시간이 금방 지나 버려서 아쉬운 마음이에요."

"그래, 오늘이 마지막 탐방이구나. 그동안 시야가 넓어지고 생각이 깊어진 네 모습을 보니 나도 기뻐. 그나저나 아쉬워할 필요는 없단다. 서울에는 박물관, 왕릉, 사찰, 성당, 교회, 근대 건축물 등 아직 가 보지 못한 곳이 많거든."

역사 탐방은 시작은 있지만 끝이 없다고들 해요. 우리나라에는 지방 자치 단체(시, 군, 구)가 228군데 있어요. 서울에는 25개 구가 있는데, 그중에서 우리는 14개 구를 다녔어요. (종로구는 일곱 번이

나 다녀왔죠.) 그러니 전국에 200개가 넘는 곳이 남은 셈이에요. 서울 역사 탐방은 대한민국 역사 탐방의 시작일 뿐입니다. 서울 역사 탐방을 잘 마무리하면 그다음부터는 여러분이 스스로 해낼 수 있을 거예요.

오늘은 용산 박물관 탐방 두 번째 시간이에요. 우리나라를 대표하는 국립중앙박물관을 만날 거예요. 마지막인 만큼 더 꼼꼼하고 신중하게 우리 문화유산을 만나 보도록 해요. 자, 출발!

대한민국 대표 박물관, 국립중앙박물관

"국립중앙박물관은 학교에서 가 본 적 있어요."

"그랬구나. 그런데 여기는 서너 번 관람한 정도로는 자랑할 수 있는 곳이 아니야. 국립중앙박물관에 유물이 몇 개나 있는지 아니? 놀라지 마. 국립중앙박물관이 소장한 유물은 무려 39만 점 가까이 된단다."

국립중앙박물관이 소장한 유물 중에서 전체의 4퍼센트 정도만 전시하는데도 그 수가 1만 4,000여 점이나 돼요. 박물관 하루 관람에서 우리가 10초 이상 관찰하는 유물은 40점도 채 안 됩니다. 전시하는 것만 한 번씩 다 보려 해도 350번 넘게 가야 하는 곳이 국립중앙박물관이에요. 어때요, 놀랍죠?

국립중앙박물관

그래서 국립중앙박물관에서는 섣불리 "다 봤다." "또 왔다." 같은 말을 하면 웃음거리가 돼요. 두 눈과 마음을 크게 열고 정성 들여 유물을 관찰하는 자세가 중요한 곳이랍니다.

1층 로비로 들어가 볼게요. 이번에 처음 온 친구라면 박물관 규모에 입이 쩍 벌어질 거예요. 전시실만 40개가 넘으니 그럴 만도 하죠. 3층밖에 안 되지만 높이로만 치면 아파트 15층 높이와 맞먹어요. 들어가는 입구에는 공항에서 볼 수 있는 소지품 검색대가 있어요. 소중한 유물을 지키기 위한 장치랍니다. 국립중앙박물관에서 일하는 분은 모두 230여 명이에요. 유물을 정리하고 연구하고 전시하는 학예사 선생님과 박물관을 운영하는 여러 분야의 직원들이 있어요.

특별전시실, 테마전시실도 놓치지 말아야 해요. 계절마다 방학마

다 아주 특별한 전시가 열리거든요. 그런데 조금 전에 말한 것처럼 39만 점 중에서 우리가 볼 수 있는 유물이 1만 4,000여 점이니, 남은 37만 점은 못 보는 걸까요? 아니에요. 박물관에서는 때때로 전시 유물을 교체하거나 특별전을 열어요. 그때 수장고에 있던 유물이 밖으로 나오지요.

국립중앙박물관에서는 가끔 외국 박물관의 유물을 빌려 와 전시하기도 합니다. 이집트의 미라와 고흐의 그림도 다녀갔어요. 박물관에 있는 극장에서는 뮤지컬이나 연극 같은 공연도 자주 열린다는 사실을 알고 있나요? 또한 박물관 도서관에 가면 역사에 관한 모든 책이 있어요. 알면 알수록 재미나고 자꾸만 가고 싶은 곳이 국립중앙박물관이에요. 그럼 본격적으로 전시실을 둘러봐요.

국립중앙박물관의 유물을 만나는 세 가지 방법

이렇게 크고 유물이 많은 박물관은 어떻게 답사해야 좋을까요?

일단 세 가지 방법을 추천해 줄게요. 첫 번째는 교과서에 나온 유물 사진을 보고 실물을 찾아보는 거예요. 두 번째는 층별로 다니면서 국보와 보물을 찾아보고 박물관 유물 지도를 그려 보는 겁니다. 그림에 간단한 설명을 곁들이면 더 좋아요. 세 번째로 큐레이터 추천 소장품을 먼저 감상하는 방법도 있어요. 박물관 홈페이지 소장품 코너에서는 박물관 큐레이터가 200여 점 정도의 추천 유물을 자세히 소개해 주고 있어요.

그렇지만 세 가지 중 어떤 방법을 선택하든 한 번에 끝내려는 욕

심은 버려야 해요. 앞서 말한 것처럼 워낙 넓고 유물이 많기 때문에, 한 번에 1시간 30분 정도 탐방하는 것이 좋아요. 꼼꼼히 본다면 20점 정도의 유물을 살펴볼 수 있을 거예요. 1, 2, 3층을 나누어 여러 번 방문하면 더 좋겠죠.

오늘은 국립중앙박물관에서 꼭 봐야 할 중요한 유물 다섯 점을 소개할게요. 비록 다섯 점이지만 1, 2, 3층을 부지런히 다녀야 할 거예요. 그럼 가 볼까요?

하나: 연천 구석기 시대 주먹 도끼

박물관 1층은 시대 순으로 꾸며져 있어요. 선사 시대부터 시작이죠. 구석기실로 들어가 보세요. 들어가자마자 맨 먼저 우리를 기다리는 유물이 첫 번째 주인공이에요.

'주먹 도끼'를 찾았나요? 주먹 도끼가 발견된 장소도 살펴보세요. 이 작은 돌이 전 세계 고고학 교과서를 바꾼 멋진 유물이랍니다.

1978년 경기도 연천군 전곡리 한탄강 가에서 이 주먹 도끼가 발견되기 전까지만 해도, 여러 면에 날이 있는 주먹 도끼는 유럽에서만 발견되는 구석기인들의 도구라고 알려져 있었어요. 아시아에서 발견된 찍개(한 면에만 날이 있는 도구)와 늘 비교 대상이었지요. 어떤 이들은 아

주먹 도끼

시아인들의 지능이 유럽인들보다 떨어졌다는 주장을 펴기까지 했어요. 기분 나쁘고 이치에도 맞지 않는 이 주장은 우리나라에서 주먹 도끼가 발견됨으로써 사라졌고, 고고학 교과서도 수정되었죠.

이 주먹 도끼를 발견한 사람은 한국인 여자 친구와 경기도 연천의 한탄강으로 놀러 갔던 미국 병사 그렉보웬이에요. 대학에서 고고학을 공부한 그렉보웬은 구석기 유물을 한눈에 알아보고 세상에 알렸죠. 연천은 여자 친구의 고향이었고요. 이 발견이 계기가 되어 연천군에는 우리나라에서 가장 큰 구석기 박물관(전곡선사박물관)과 공원이 생겼어요. 자, 잘 관찰해 보세요. 서양과 어깨를 나란히 하게 된 우리의 주먹 도끼. 멋지지 않나요?

둘: '호우' 글자가 있는 청동 그릇

두 번째 유물을 만나려면 고구려실로 가야 합니다. 청동 그릇을 찾아보세요. 찾았나요? 그릇 바닥을 보면 '을묘년국강상광개토지호태왕호우십'이라는 열여섯 글자가 새겨져 있어요. '을묘년에 광개토대왕을 기념하기 위해 만든 호우(그릇)'라는 뜻이지요. 이 그릇은 해방 직후인 1946년, 경주에 있는 신라 고분(호우총)에서 발굴했어요. 그런데 고구려 왕을 기념하기 위해 만든 그릇이 어떻

'호우' 글자가 있는 청동 그릇
(보물 1878호)

게 신라 고분에서 나왔을까요? 놀랍게도 역사적인 사실이 이 유물을 통해 확인되었어요.

서기 400년에 왜의 침입을 받은 신라가 고구려에 구원을 요청하자, 고구려 광개토대왕은 5만 명의 군사를 보내 위기에 빠진 신라를 도와준 적이 있어요. 그래서 412년에 광개토대왕이 세상을 떠난 뒤 신라에서 광개토대왕을 추모하기 위해 만든 것 같아요. 그릇에 새겨진 을묘년은 서기 415년이거든요. 청동 그릇은 일상생활에 쓰는 그릇이 아니에요. 나라의 평안을 비는 제사를 지낼 때 주로 쓰죠. 무덤의 주인은 광개토대왕이 고마웠는지도 몰라요. 이처럼 유물 하나가 때로는 역사 속 이야기를 알려 주기도 해요.

셋: 금관총 금관

세 번째 유물을 만나려면 3층으로 올라가야 합니다. 이 유물은 금관총 금관(국보 87호)입니다. 정말 눈부시게 화려하죠? 1층에 있는 금관 앞은 언제나 사람들로 북적이지만, 3층에 있는 금관은 잘 알려지지 않아 여유롭게 볼 수 있어요. 사슴뿔 모양의 장식과 방울처럼 달린 금장식을 꼼꼼히 관찰해 보세요.

금관은 평소에 썼다고 보기는 힘들어요. 그래서 학자들은 금관을 지체가 높은 사람의 무덤에 넣어 주는 부장품으로 여겨요. 그리고 경주의 고분에서 모두 금관이 나오는 것은 아니에요. 5세기부터 7세기 무렵에 잠시 나타나는 유물이지요. 전 세계에서 발견된 금관의 3분의 2 이상이 우리나라에서 나왔어요. 누가 왜 금관을 만들었

금관총 금관

는지, 왜 우리나라에 이렇게 많은지, 여전히 밝혀지지 않은 점이 많아요. 여러분이 그 답을 찾아내면 좋겠어요.

넷: 연가7년명 금동여래입상

네 번째는 바로 옆 불교조각실에 있어요. 유물 이름이 좀 길지만 꾹 참고 찾아보길 바라요. 연가7년명 금동여래입상(국보 119호)이에요. 크기는 어른 손바닥만 한데 옷 조각이 시원시원하고 광배(부처님 등에 붙은 판)에 새겨진 무늬가 아주 복잡하고 화려해요. 중요한 것은 뒷면이에요. 글이 적혀 있거든요. 이 글이 아니었다면 발견된 장소가 옛날 신라 영토(경남 의령군)이니 신라 불상이라고 생각했을 거예요.

539년에 고구려에서 1,000개의 불상을 만들어 세상에 퍼뜨렸는데, 이 불상은 그중 스물아홉 번째 불상이라는 이야기가 적혀 있어요. 어쩌다가 남쪽 지역까지 가게 됐는지는 알 수 없지만, 글이 적혀 있는 불상 가운데 가장 오래된 고구려 불상임에는 틀림없지요.

나머지 불상 999개는 아직 발견되지 않았어요. 어디에선가 여러

분을 기다리고 있을지도 몰라요. 그렉보웬이 발견하기 전까지 아무도 알아보지 못했던 주먹 도끼처럼 나머지 불상들도 사람들이 알아보지 못했을 수 있어요. 이제 여러분은 불상의 모습과 이야기를 알았으니 발견하는 일만 남았습니다. 항상 관찰하는 습관을 들이면서 멋진 순간이 오기를 기대해 보세요.

다섯: 고대 그리스 청동 투구

마지막 다섯 번째 유물을 보려면 2층으로 가야 해요. 2층 기증문화재실입니다. 이곳에 가면 정말 고마운 분들을 많이 만날 수 있어요. 우리 문화유산을 지킨 것만도 고마운데 박물관에 기증까지 해 주신 분들이에요. 우리나라 사람들뿐 아니라 일본인들도 많아요. 아마 모두가 한결같은 마음일 거예요. 문화유산은 혼자서 독차지하는 것이 아니라 모두가 함께 나누어야 한다는 마음 말이죠.

연가7년명 금동여래입상

여기에서 여러분이 찾을 문화재는 고대 그리스의 청동 투구(보물 904호)입니다.

 "그리스의 유물이 어떻게 우리나라 문화재가 될 수 있어요?"

"이 투구는 1936년 베를린 올림픽 마라톤 우승자 손기정 선수가 받은 거란다. 금메달과 함께 부상으로 주는 것인데, 식민지 시절이다 보니 그 사실을 모른 채 귀국했다가 훗날 알게 되어 뒤늦게 받았지."

손기정 선생은 '이 투구는 내 것이 아니라, 우리 민족의 것'이라며 1994년 국립중앙박물관에 기증했어요. 일제 강점기에 우리 민족의 긍지를 높인 사실을 기리고자 서양 유물로는 처음으로 보물로 지정했답니다.

어때요? 다섯 점을 봤을 뿐인데도 뿌듯한 기분이 들지 않나요? 물론 다리는 좀 아플 테지만요. 국립중앙박물관에는 국보와 보물만 합쳐도 300여 점이 있어요. 아마 전시실을 지나가면서 저것도 보고 가면 좋겠다는 마음이 들었을 거예요.

거듭 말하지만, 박물관은 자주 갈수록 좋은 곳이에요. 욕심내지 말고 한 번에 10개 정도씩 꼼꼼히 보기를 부탁할게요. 유물 하나하나가 정말 다양한 이야기를 담고 여러분을 기다리고 있어요. 발굴 이야기, 역사 이야기, 전설과 설화, 감동적인 이야기를 간직하고서 말이에요.

고대 그리스 청동 투구

오늘 우리가 가 본 전시실보다 발길이 닿지 않은 전시실이 훨씬 많아요. 앞으로도 박물관에 자주 오기로 다짐해 봐요.

여러분의 답사를 시작하세요

오늘로서 선생님과 함께한 서울 역사길 답사는 끝났지만, 여러분의 답사는 이제부터 시작이라는 점을 잊지 마세요. 지금부터는 여러분이 직접 찾아보고 떠나 보세요. 언젠가 이 책을 쓴 선생님들과 유적지에서 우연히 만날지도 몰라요. 손에 이 책을 들고 있다면 선생님이 먼저 말을 걸 테니 반갑게 인사 나누어요.

여러분, 정말 즐거웠습니다. 안녕!

징검다리 역사책 16
지도 보며 떠나는
서울 역사길 여행

2018년 7월 20일 1판 1쇄

지은이 이기범, 김동환 | 그린이 최혜인

편집 강변구 | 디자인 진예리
제작 박흥기 | 마케팅 이병규, 이민정, 최다은

인쇄 코리아피앤피 | 제책 J&D바인텍

펴낸이 강맑실 | 펴낸곳 (주)사계절출판사 | 등록 제406-2003-034호
주소 (우)10881 경기도 파주시 회동길 252
전화 031) 955-8588, 8558
전송 마케팅부 031) 955-8595 편집부 031) 955-8596
홈페이지 www.sakyejul.net | 전자우편 skj@sakyejul.com | 블로그 skjmail.blog.me
페이스북 facebook.com/sakyejul | 트위터 twitter.com/sakyejul

ⓒ 이기범, 김동환, 최혜인 2018

값은 뒤표지에 적혀 있습니다. 잘못 만든 책은 구입하신 서점에서 바꾸어 드립니다.
사계절출판사는 성장의 의미를 생각합니다. 사계절출판사는 독자 여러분의 의견에 늘 귀 기울이고 있습니다.
이 책은 저작권법에 따라 보호받는 저작물이므로 무단전재와 무단복제를 금합니다.

ISBN 979-11-6094-378-8 74900
ISBN 978-89-5828-647-9 (세트)

이 도서의 국립중앙도서관 출판예정도서목록(CIP)은 서지정보유통지원시스템 홈페이지(http://seoji.nl.go.kr)와
국가자료공동목록시스템(http://www.nl.go.kr/kolisnet)에서 이용하실 수 있습니다.(CIP제어번호: CIP2018021120)